KB047965

Guidelines for Criminal Enforcement of Cartels in Korea

카르텔 형사집행 가이드라인

구상엽 저 *Joseph Sang-Yeop KOO (JSK)*

박영사

머 리 말

2020년 12월 드디어 한국에서도 『카르텔 형사집행 가이드라인』이 제정되어 모든 검찰청에 시행되었습니다. 형사리니언시 절차 등에 대해서 투명하고 예측가능한 가이드라인이 존재하는지 여부는 그 나라의 반독점 법집행의 수준을 가늠할 수 있는 중요한 척도입니다. 특히 지난 5년여 동안 가이드라인 마련을 위해서 노력해왔던 한 사람으로서 이를 바라보는 제 감회는 남다릅니다.

저는 검사로서 장애인과 공정거래 관련 업무를 하고 싶어서 검찰에 지원했습니다. 위 두 영역은 얼핏 무관한 것처럼 보이지만, 공정거래법의 최우선 과제가 소비자 보호라는 점을 생각해 보면 서로 비슷한 측면을 발견할 수 있습니다. 장애인과 소비자는 스스로 목소리를 내고 권익을 지키기 어렵기 때문에 사회의 적극적인 관심과 역할이 필요합니다. 물론 과도한 국가후견주의(state paternalism)는 지양해야겠지만, 사회적 약자에 대해서도 공정한 기회는 보장되어야 합니다. 검사의 본질은 수사·소추 기관을 넘어 국가와 공익을 대표하는 법률가(government attorney)이기 때문에 공정한 사회·시장질서를 지키는 소임을 다해야 합니다.

하지만, 지난 수십 년간 저를 포함한 많은 검사들이 국가 법률가로서의 역할에 미흡한 점이 많았습니다. 특히 고도의 전문성을 필요로 하는 공정거래 분야는 검찰에서 불모지에 가까웠습니다. 국제적 수렴현상(international convergence)이 강한 반독점 법집행에서 세계적 수준(global standard)에 부합하는 기준과 역량을 갖추려면 신중하고 치밀한 준비가 필요합니다. 그래서 저는 지난 수년 간 보직에 얽매이지 않고 국내외 사법경쟁당국과 전문가들을 찾아다니며 한국 검찰이 올바른 문제의식과 방향성을 가지고 세계적인 경쟁법 집행기관으로 자리매김할 수 있도록 최선을 다해왔습니다. 그 과정에서 검찰 안에서는 공정거래 전담 부서인 서울중앙지방검찰청 공정거래조사부, 대검찰청 반독점TF가 신설되는 한편, 국제적으로는 한국 법무·검찰이 국제경쟁당국네트워크(ICN)의 총회와 카르텔워킹그룹에 정식 가입하고, 미국 연방검찰(DOJ) 등 주요 사법경쟁당국들과 반독점 업무협약을 체결하는 등 의미 있는 성과들이 있었습니다.

이번 가이드라인 제정은 그간 검찰의 노력을 집약하고 향후 방향을 제시하는 결정체(結晶體)라고 생각합니다. 가이드라인의 핵심 중 하나는 형사리니언시와 관련하여 검사의 재량을 축소하고 면책을 보장하는 것으로서 국내외 사법경쟁당국의 흐름과 크게 다르지 않습니다. 하지만, 형사리니언시 신청인에 대해서 압수수색 등 강제수사를 제한함으로써 별건 내지 여죄 등에 대한 수사 확대 우려를 원초적으로 불식시킨 것은 기존 가이드라인들에서는 찾아보기 어려운 진일보한 시도라고 평가하고 싶습니다. 만약 이러한 수사 실무가 정착된다면, 이른바 '환부만 도려내는 수사'가 가능해져 검찰 수사의 패러다임(paradigm)이 바뀔 것입니다. 또한 국내외 기업과 로펌에서도 이처럼 법적 리스크(legal risk)를 대폭 줄일 수 있는 가이드라인의 묘미를 주목하고 활용할 가치가 클 것으로 기대합니다.

지난 수 세기 동안 인류는 눈부신 경제적 발전을 거듭해왔습니다. 이를 표면적으로 선도한 것은 기술(technology)이지만, 그 이

면에서는 자유와 평등을 바탕으로 한 민주주의와 시장경제가 중요한 역할을 했다고 생각합니다. 기술의 혁신은 인간의 상상력과 창조력에서 잉태되며, 개개인의 창의성은 자유롭고 공정한 경쟁과 정당한 급부가 보장될 때 극대화될 수 있기 때문입니다. 우리나라의 헌법 역시 이러한 정신에 기반하고 있다고 믿습니다.

따라서 공정거래 법집행은 자유와 평등을 조화롭게 연계하여 공정한 사회·경제 시스템을 구축하는 버팀목 중 하나입니다. 법집행, 특히 형사집행이 강화되면 기업 활동이 위축될 것이라는 우려도 있습니다만, 이는 현실과 다릅니다. 오히려 필요최소한의 범위에서 법집행이 엄정하게 이루어지지 않으면, 법의 권위가 약화되고, 그 공백을 메우기 위해서 사전적 규제가 오·남용되는 악순환이 심화됩니다. 반면, 적확한 법집행을 통해서 법치주의(rule of law)와 법준수문화(compliance culture)가 정착되면, 과잉규제를 철폐하고 부패 관련 사회적 비용을 절감함으로써 기업 활동의 효율성이 제고될 것입니다. 저는 이것을 '법집행의 역설(paradox of law enforcement)'이라고 생각합니다.

가이드라인은 법집행의 긍정적인 패러독스를 실현할 수 있는 의미 있는 도구가 될 것으로 고대합니다. 하지만 이제껏 가보지 못한 길을 내딛는 것이기에 그 종착지를 예단하기는 어렵습니다. 또한 향후 정치·경제·사회적 여건에 따라 적지 않은 부침(浮沈)이 따를 수도 있습니다. 그럼에도 불구하고, 미래는 꿈꾸는 자의 것이며, 기회는 준비된 자에게만 열릴 것입니다. 현재 검찰이 여러 가지로 어려운 상황에 처해 있지만, 겸허한 자세로 보다 나은 장래의 청사진을 설계하고 구축해 나간다면 위기가 곧 진화(evolution)의 기회가 될 수도 있을 것입니다. 가이드라인의 성패 역시 명문의 규정이 아니라 보이지 않는 실천(commitment)과 신뢰(credit)의

축적 여부에 달려있습니다. 검사 한 사람 한 사람이 법률가로서 전문성과 소양을 쌓고, 가이드라인을 적극적으로 활용하고 약속을 지킨다면 한국 검찰은 세계적인 사법경쟁당국으로 발전할 것이라고 확신합니다.

2021년 1월

무학산을 바라보며

구 상 엽

Foreword

In December 2020, the Guidelines for Criminal Enforcement of Cartels (the "Guidelines") entered into force in Korea for implementation by the Korean Prosecution Services (the "KPS"). The existence of transparent and predictable guidelines on leniency programs often illustrates how well authorities are enforcing competition law. Having been involved in the establishment of the Guidelines for the last five years, I am excited to witness their implementation in practice.

Unlike fellow prosecutors, my motivation to join the KPS was to help the disabled and the consumers in the market. While the two groups may seem unrelated, both share the similarity that they face difficulties in having their voices heard and thus, their interests protected. Accordingly, there is a need for the society and the public services to be aware of their needs and to actively protect their rights. This, however, does not necessarily call for state paternalism, rather that we need to ensure that the socially disadvantaged are provided with the same opportunity as any other member of the society. The fundamental role of a public prosecutor in Korea can be said to be twofold: first, to investigate and prosecute criminal and second, to represent the State and the public good as the government attorney. In short, public prosecutors have a duty to ensure public order and a fair market.

Unfortunately, Korean public prosecutors have focused in the past on performing their role as "criminal" prosecutors and have overlooked their duty to function as "public" attorneys for the good of the society, particularly so in the area of competition law. Considering the close cooperation among various authorities in this area and the emergence of relevant international legal standards, it is needless to say that there is a strong need to build capacity in the KPS. To ensure that the KPS is on the right track of becoming a leader in competition law enforcement, I have made various efforts particularly so by interacting and engaging with various judicial and competition authorities worldwide. And I am proud to state that I was at the forefront of such efforts with the KPS, which led to some concrete results: The Antitrust Division was established in the Seoul Central Prosecutors' Office in 2015 followed by the Antitrust Task Force at the Supreme Prosecutors' Office in 2019. In addition, the KPS joined the International Competition Network along with the Korean Ministry of Justice and takes part in their annual conferences and the cartel working group. The KPS also concluded cooperation agreements with the leading competition agencies, such as the U.S. Department of Justice.

The preparation of the Guidelines can be seen as the

crystallization of all such relentless endeavors. A key element of the Guidelines is the limited discretion of the prosecution services in implementing the leniency program, thus reflecting the recent trends both in Korea and worldwide. What distinguishes the Guideline from other similar standards is that the prosecution services are discouraged from conducting compulsory investigation such as searches and seizures which could often lead to further investigations of crimes other than cartels on the leniency applicant. The Guidelines is likely to change the way the prosecution services conduct investigations, as they would focus more on the information being provided by the applicant. From the viewpoint of businesses and their legal representatives, this significantly reduces the legal risks when applying for leniency.

Humanity has achieved remarkable economic development over the past centuries. While emphasis is often put on technology as the apparent drive for such development, I believe that a political system based on democracy and an economic system based on the market are the true dual engines. They provide humanity with freedom and equality, which foster creativity leading to technological innovations. Creativity is further enhanced when such activities are rewarded in economic terms, which is only possible when there is free and fair competition. Such notions also form the cornerstones of the Korean constitution.

Competition law enforcement supports the society and the

economy, the two main pillars of a state, by carefully balancing freedom and equality. Arguments that increased and stronger enforcement of competition laws undermine business activities are not well-grounded. To the contrast, without strict enforcement of competition laws, we will be trapped in a vicious cycle in which regulations are put in place to respond to anti-competition conduct of the business thus restricting their freedom of operation. I firmly believe that a proper level of law enforcement assists in establishing the respect for the rule of law and the culture of compliance by businesses. This then reduces over-regulation as well as any social cost that could result from corruption. This is the so-called "the paradox of law enforcement."

I have great expectations that the Guidelines would become a tool to realize this paradox of law enforcement. It is, of course, too early to predict the success of the Guidelines and I am quite sure that there will be ups and downs in their implementation as various political, economic and social factors would need to be considered. Nevertheless, only those who dream can have a chance in the future and opportunities are only provided to those who are well-prepared. Despite the challenges that the KPS has faced in recent years, it also has to plan ahead, evolve and be prepared. The success of the Guidelines lies not within the words therein but the commitment and the credibility of the agencies that implement them. I conclude with a hope that the KPS will soon become a leading competition authority in the world and that the Guidelines would provide a stepping stone in that process.

I would like to acknowledge the support provided by Mr. Andreas Mundt (the Chair of the International Competition Network) and other colleagues from competitions authorities over the world. I would like to note a special thanks to dear friends, Mr. Richard Powers and Mr. Marvin Price at the US Department of Justice, for all their support.

January 2021

Joseph Sang−Yeop KOO

차 례

제1편 총 론

제2편 각 론

제3편 Q & A

※ 일러두기

■ 본서의 성격

▶ 본서는 가이드라인의 취지 및 규정들을 알기 쉽게 해설하는 데 주된 목적이 있으며, 필자의 서울대학교 박사학위논문 중 일부를 발췌 및 보완한 것으로서 새로운 학문적 연구가 아님을 밝힙니다.

※ 장(章) 단위로 모두에 개략적인 발췌 부분을 표기하였으며, 보다 자세한 내용이나 참고문헌은 발췌 대상 원문을 참조하시기 바랍니다.

▶ 본서는 학계·실무계의 검증과 공감대 형성을 위해서 필자가 검찰의 관련 업무를 수행하며 직접 경험하거나 연구한 내용을 바탕으로 집필한 개인적 출판물로서 대검찰청의 공식 저작물이 아닙니다.

▶ 향후 대검찰청에서 공식 가이드라인 해설서 등을 발간할 경우 최소한의 출처만 밝히고 본서를 인용하는 것에 저자로서 동의합니다.

※ 본서는 대부분 어학사전과 인용지침의 용례를 따랐으나, 일부 표현은 독자의 편의나 실무상 관행 등을 고려하여 변형하였습니다.

■ 주요 용어 및 약칭

▶ (카르텔) 형법 제315조, 건설산업기본법 제95조, 공정거래법

제19조 제1항을 위반한 행위 중 연성담합을 제외한 경성담합(hardcore cartel) *4면 참조

- **(형사집행)** 수사·기소·형벌 등을 아우르는 형사 법집행 절차로서 criminal law enforcement의 약칭인 criminal enforcement에 대응한 국문 표현 *4면 참조
- **(형사리니언시)** 카르텔에 관한 사실을 검찰에 자발적으로 신고하고 수사 및 재판에 협조한 자에 대하여 형을 면제 또는 감경하는 제도 *7면 참조
- **(가이드라인)** 카르텔 사건에서 형사리니언시, 수사 및 재판 등 형사집행의 기준과 절차를 정한 검찰의 실무 매뉴얼 *7면 참조
- **(경쟁법/공정거래법)** '경쟁법'은 국내외 공정거래 관련 법들을 통칭하며, '공정거래법'은 국내 「독점규제 및 공정거래에 관한 법률」의 약칭 *4면 참조
- **(사법경쟁당국)** 법집행(law enforcement) 또는 규제(regulation) 기능을 담당하는 사법기관과 경쟁당국을 포괄적으로 아우르는 표현 *3면 참조
- **(법무·검찰)** 한국 법무부와 검찰을 아우르는 표현
- **(기업)** 가이드라인과 관련하여 카르텔을 형성하는 주체로서 공정거래법상 '사업자' 등을 아우르는 표현 *13면 참조
- **(KPS)** Korean Prosecution Service의 약칭으로서 한국 검찰 지칭
- **(KMOJ)** Korean Ministry of Justice의 약칭으로서 한국 법무부 지칭
- **(ICN)** 국제경쟁당국네트워크(International Competition Network)의 약칭

▶ (DOJ) Department of Justice의 약칭으로서 각주 참고문헌에서는 주로 미국 연방검찰의 리니언시 가이드라인 지칭(DOJ, Frequently asked Questions about the Antitrust Division's Leniency Program and Model Leniency Letters) *6면 참조

▶ (JSK) Joseph Sang-Yeop KOO의 약칭(필명)으로서 각주 참고문헌에서는 주로 필자의 박사학위논문 지칭(구상엽, 카르텔에 대한 형사집행의 개선방안 연구-국제카르텔을 중심으로, 서울대학교 박사학위논문)

※ 길라잡이

이 책은 크게 세 편으로 구성되어 있습니다. '제1편 총론'에서는 가이드라인이 만들어지게 된 배경과 취지를 소개한 후 카르텔 형사집행과 관련된 기초적인 이론과 실무를 개관합니다. '제2편 각론'에서는 가이드라인 관련 대검 예규를 조문별로 어떻게 해석·적용할 것인지 해설합니다. '제3편 Q & A'에서는 가이드라인과 관련하여 제기될 수 있는 가장 기본적인 질문 100개를 선별하여 그에 대한 해답을 제시합니다.

제1편은 카르텔 형사집행을 보다 깊이 이해하기 위한 배경지식으로서 평소 공정거래 관련 연구나 실무를 하고 계신 분들을 위해서 다소 이론적이고 전문적인 내용도 포함하였습니다. 제2편은 가이드라인의 조문별 해설로서 가이드라인을 실제로 이용하는 기업이나 로펌 등의 실무가를 위해 주로 실무적인 내용을 담았습니다. 제3편은 가이드라인의 필수적인 내용을 공정거래 관련 배경지식이 없는 분들도 쉽게 이해할 수 있도록 최대한 전문적인 표현을 배제하고 핵심적인 내용만 문답 형식으로 정리하였습니다. 형사리니언시 등을 처음 접하시는 분이라면 제3편부터 역순으로 읽는 것이 편하실 수도 있으며, 대략적인 내용 파악에는 제3편만으로도 크게 부족하지 않을 것으로 생각합니다.

※ 독자의 특성에 따라 특정 편만 읽어도 니즈(needs)를 만족시킬 수 있도록 하기 위해서 각 편에 중복되는 내용이 포함되어 있음을 양해해 주시기 바랍니다.

제 1 편 총 론

제 1 장

서 설[1)]

제1절 카르텔 형사집행의 중요성

공정거래 분야의 법집행은 '자유롭고 공정한 시장경제'와 '소비자의 편익'으로 발현되어야 하며, 이는 국내외 시장, 기업, 소비자를 차별 없이 아우르는 것이어야 한다. 특히, 카르텔에 대한 법집행은 역내외(域內外) 적용을 통해 국제거래나 외교통상에도 큰 영향을 미칠 수 있기 때문에 여러 국가의 사법경쟁당국(司法競爭當局)[2)]들이 유사한 고민과 방향성을 가지고 서로 접근해 가는 '국제

1) JSK, 1－12, 44－48, 104－136, 174－221면에서 발췌 및 보완.

2) 공정거래 분야에서는 '경쟁당국'(competition agency)이라는 표현이 널리 사용되고 있다. 그러나, 경쟁당국과 사법당국의 기능을 겸하는 국가기관도 존재한다. 예컨대, 미국 연방검찰(반독점국)은 카르텔 등 반독점 영역에서 양 기능을 겸유하고 있다. 한국 법무·검찰도 이미 세계 주요 경쟁당국의 모임인 ICN의 총회와 카르텔워킹그룹에서 경쟁당국으로 활동하고 있다. 그렇지만, 한국 검찰이나 미국 연방검찰은 전

적 수렴'(global convergence) 현상이 나타나고 있다.[3] 따라서, 카르텔 법집행은 국수주의(國粹主義)의 발로(發露)가 아니라 대한민국이 지구촌의 구성원으로서 이웃 나라들과 호혜적으로 자유롭고 공정한 시장을 만들어 국내외 기업과 소비자의 편익을 증진시키는 차원에서 이루어져야 할 것이다.

현재 경쟁법[4] 분야에서 형사 법집행(criminal law enforcement, 이하 '형사집행' 내지 'criminal enforcement')의 필요성이 가장 큰 것은 단연 카르텔이다.[5] 카르텔에 대한 엄정한 법집행, 특히 형사집행이 강조되는 이유는 그 악성과 폐해 때문이다. 카르텔은 순작용이 거의 없는 반면, 공정한 경쟁질서와 소비자의 편익을 해치는 부작용은 심각하다. 경제학적 관점에서 볼 때 카르텔은 기업들이 이익을 높이기 위해서 가격·물량 등을 담합하여 인위적으로 시장을 '독점화'(monopolization)하는 현상으로 설명할 수 있다. 그런데, 카르텔은 법적으로 금지되기 때문에 카르텔 참여 기업들은 담합 합의를 법적으로 강제할 수 없다. 또한, 참여자 중 일부라도 위 합의를 지키지 않거나 새로운 기업이 관련 시장에 진입할 경우 카르텔은 쉽게 깨질 수 있다. 그래서 카르텔은 소수의 생산자가 시장을 지배하는 반면 소비자는 분산되어 있고, 높은 진입장벽으로 인

통적으로 민·형사집행과 송무를 담당하는 사법당국이라는 인식이 강하다. 따라서, 본서에서는 국내외 경쟁당국과 사법당국을 아울러 '사법경쟁당국'으로 표현하기로 한다.

3) 이세인, 국제카르텔 제재의 국제적 수렴현상, 법학논집 (2013), 378면.

4) 우리나라에서 가장 포괄적인 공정거래 관련 법률은 「독점규제 및 공정거래에 관한 법률」이다. 하지만, 형법이나 건설산업기본법에서도 입찰담합에 대한 처벌규정을 두고 있는 등 공정거래 법집행과 관련된 법률은 다양하다. 본서에서는 「독점규제 및 공정거래에 관한 법률」을 특정할 때는 법제처에서 정한 약칭인 '공정거래법', 국내외 공정거래 관련 법들을 통칭할 때는 '경쟁법'으로 표기하기로 한다.

5) 형사집행이 문제되는 카르텔은 대부분 경성카르텔이므로, 본서에서 '카르텔'이라는 표현은 특별한 사정이 없는 한 경성카르텔을 지칭한다. 또한, 검찰의 형사집행에 대비되는 공정거래위원회의 행정적 절차는 '행정집행'으로 표현한다.

해서 신규 기업이 시장에 들어오기 곤란하며, 담합 기업 간 상호 감시와 통제가 용이한 시장, 즉 '과점'(oligopoly) 시장에서 발생하기 쉽다.[6] 카르텔이 생기면 기업들은 경쟁 상태보다 생산을 줄이고 소비자는 필요 이상으로 높은 가격을 지불하게 된다는 것이 일반적인 경제학적 분석이다.[7] 즉, 아래 도표와 같이 소비자잉여가 감소된 만큼 소비자로부터 생산자에게 부의 이전이 이루어지고, 이에 더하여 사중손실(死重損失, deadweight loss) 등 사회적 손실이 발생하게 된다.[8] 그렇기 때문에, 여러 사법경쟁당국에서는 이러한 카르텔의 치명적 악성을 인식하고 강력한 법집행에 나서고 있다.[9]

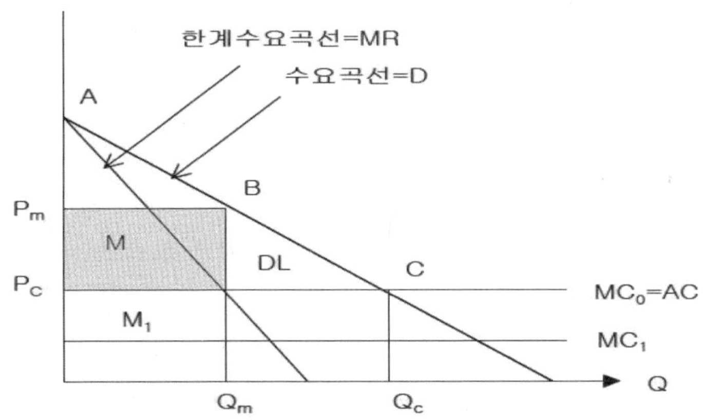

6) 담합이 용이한 시장구조에 대한 분석으로는 홍탁균, 부당한 공동행위 합의 입증의 문제, 경쟁법연구 (2011), 73－76면; 박강우, 경매입찰방해죄와 담합행위의 형법적 규율, 법학연구 (2016), 215면.

7) 물론 경제학적으로 논의를 심화하면, 독점이 효율적 자원 배분을 위한 차선책이 될 수 있는지 여부, 대체재와 사회적 비용과의 관계, 독점과 외부효과에 대한 평가 등에 있어 다양한 시각이 존재할 수 있다. Richard A. Posner, Antitrust Law (2001), pp. 12－13.

8) 권오승, 과징금제도 개선방안 연구, 공정거래위원회 연구용역 (2003), 22면.

9) 따라서, 카르텔에 대한 엄정한 법집행이 '기업활동을 위축시킬 수 있다'라는 반론은

우리나라는 한국전쟁 이후 소수의 산업과 기업에 대한 선택과 집중을 통한 경제발전 연혁, 다른 경제대국들에 비해 상대적으로 작은 시장규모 등을 연유로 과점시장이 많다. 현재까지도 정유, 통신 등 기간산업뿐만 아니라 국민의 실생활과 밀접한 품목의 대부분이 대기업 중심의 과점시장 형태를 띠고 있다. 또한, 한국의 대외무역 의존율은 절대적이기 때문에 국제카르텔의 피해에 노출될 우려도 높다. 우리나라에서 카르텔에 대한 엄정한 법집행이 절실한 이유가 바로 여기에 있다.

제2절 가이드라인 제정의 필요성

국내 카르텔 형사집행에 대해서는 그 절차와 처분에 대해 명확한 지침과 기준이 없어서 예측가능성과 투명성이 부족하다는 문제점이 지적되어 왔다. 이를 해결할 수 있는 가장 효과적인 방법은 카르텔 형사집행을 담당하는 검찰이 관련 절차와 기준을 구체적으로 정립하여 국내외에 알리고 철저히 준수하는 것이다. 이미 세계 주요 경쟁당국들의 모임인 국제경쟁당국네트워크(ICN)나 미국 연방검찰(DOJ)[10]을 비롯한 여러 선진 사법경쟁당국들에서는 리니언시 등 카르텔 법집행 절차에 대해서 비법률가도 알기 쉽게

성립하기 어렵다. 카르텔은 정당한 기업활동으로 보기 어렵기 때문이다. 다만, 포스너 교수가 지적한 바와 같이, 반독점 법집행이 추구해야 할 궁극적인 목표는 효율성이고 경쟁은 이를 위한 중간 목표(mediate goal)일 수 있다는 점도 간과해서는 안 될 것이다. Posner, p. 29.

10) 국내에서는 'DOJ'를 '법무부'로 번역하는 경우가 많으나, 후술하다시피 미국의 DOJ와 한국의 법무부는 그 기능에 차이가 있다. 미국 DOJ에서 연방검사가 담당하고 있는 카르텔 형사집행은 한국에서 법무부보다 검찰의 역할에 가깝기 때문에 본서에서는 미국과 관련하여 DOJ를 '연방검찰'로 표현하기로 한다.

설명한 '가이드라인'(Guideline)을 만들어 홈페이지 등에 게시하고 있다.[11] 가이드라인의 핵심은 검사의 '재량 통제'에 있다. 기준에 맞는 투명한 재량 행사를 통해 사건 관계인이 검찰의 수사와 처분이 어떻게 이루어질 것인지 예측할 수 있어야 한다. 모든 형사 절차에서 마찬가지이겠지만, 카르텔 형사집행에 있어서도 최우선 과제는 '적법절차'(due process)의 보장이며, 이는 예측가능성(predictability)과 투명성(transparency)의 제고를 통해서 달성될 수 있기 때문이다.

이러한 인식 아래 대검찰청에서는 형사리니언시 신청인에 대한 형벌감면을 보장하고 수사권 남용을 방지하기 위해서 2020년 2월부터 '검찰총장 지시' 형식으로 카르텔 형사집행에 관한 가이드라인을 마련하여 주요 검찰청을 중심으로 시행하였고, 같은 해 12월에 위 가이드라인을 공식 '대검 예규'로 제정하여 전국 검찰청으로 시행을 확대하게 된 것이다(이하 '가이드라인'으로 통칭).[12]

나아가, 가이드라인이 만들어질 수밖에 없었던 가장 결정적인 이유는 '현실적 필요성'이라는 점을 간과해서는 안 된다. 수사와 기소를 담당하는 검찰에는 오래 전부터 형법이나 공익신고자보호법에 근거하여 형벌감면을 구하는 각종 자수나 공익신고가 이루어지고 있다. 특히, 최근 수년 동안에는 검찰에 카르텔과 관련된 자수 등도 들어오고 있는데, 이들 중에는 공정거래위원회에 행정리니언시를 신청하기 전에 검찰에 형사리니언시를 구하는 경우도 있다.[13] 공정거래위원회에 먼저 카르텔을 자진신고하여 고발이 면제

---

11) ICN, Guidance on Enhancing Cross–Border Leniency Cooperation (2020); DOJ, Frequently asked Questions about the Antitrust Division's Leniency Program and Model Leniency Letters (2017) 등.

12) 조문 형식으로 이루어진 위 예규의 정식 명칭은 「카르텔 사건 형벌감면 및 수사절차에 관한 지침」이며, 대검찰청 인터넷 홈페이지(www.spo.go.kr)에서 누구든지 열람 및 다운로드할 수 있다(홈>정보자료>훈령/예규, 예규 제1150호).

13) 리니언시제도와 관련하여, 공정거래법은 '자진신고', 대검 예규는 '형벌감면' 등의 용

될 경우 특별한 사정이 없는 한 검찰에서는 기소를 하지 않는 방법으로 형벌이 면제된다. 그런데, 막상 기소권을 전유(專有)하는 검찰에 먼저 카르텔을 자발적으로 신고했음에도 형벌이 면제되지 않는다면, 공정거래위원회와 검찰의 법집행 간 정합성을 해치게 된다. 물론, 검찰에서도 형법 내지 공익신고자보호법에 기하여 형벌을 감면할 수 있으나, 공정거래법과 공정거래위원회의 지침과 같이 리니언시의 절차나 효과에 대하여 구체적인 기준이 없기 때문에 투명성과 예측가능성이 떨어진다. 그래서, 형사리니언시에 대해서도 가이드라인을 정립하여 검사의 재량을 축소하고 형벌감면을 보장함으로써 국가기관 간 법집행의 정합성을 담보해야 한다. 이러한 현실적 필요성은 전속고발제 폐지 유무와 무관하고 시급한 과제가 아닐 수 없기 때문에 검찰에서는 카르텔 형사집행 가이드라인을 만들게 된 것이다. 따라서, 검찰의 가이드라인을 전속고발제 폐지 유무와 연계하여 평가하는 것은 그 배경과 취지를 오해한 측면이 크다. 다만, 전속고발제가 폐지될 경우에도 현 가이드라인은 대부분 그대로 적용할 수 있기 때문에 전속고발제 폐지에 따른 통합적인 리니언시제도를 성공적으로 연착륙시키는 데에도 긍정적으로 작용할 것으로 기대한다.

제3절 카르텔 형사집행 조직 개관

한국에서 형사집행은 법무부와 검찰의 두 축을 중심으로 이루어지고 있다. 법무부는 장관을 정점으로 하여 형사 관련 법령의

어를 사용하고 있다. 본서에서는 양자를 구별하기 위해서 전자는 '자진신고' 내지 '행정리니언시', 후자는 '형사리니언시'로 지칭하기로 한다.

제·개정, 검찰의 예산·인사 등의 일반적 권한을 지니고 있으나, 구체적인 사건을 수사하거나 기소할 수 없다. 구체적인 사건의 수사·기소권은 검찰에게 있다.[14] 검찰은 장관급인 검찰총장을 정점으로 하여 대검찰청과 수십 개의 지방검찰청으로 구성되어 있다.[15] 카르텔 형사사건은 지역 관할에 따라 해당 검찰청에서 수사와 기소를 담당하는 것이 원칙이나, 국제카르텔 등 주요 사건은 서울중앙지방검찰청의 공정거래조사부(이하 '공정거래부')에 집중되어 있다.

검찰에서는 비약적으로 증가하고 있는 공정거래 사건의 중요성을 인식하고, 효율적이고 적확한 사건 처리를 위해서 2015년에 대검찰청 산하 최대 검찰청인 서울중앙지방검찰청 제3차장 산하에 공정거래 전문부서인 공정거래부를 신설하였다.[16] 공정거래부가 검찰의 직접 수사 기능이 강조되는 제3차장 산하에 배치된 이유는 다음과 같다.[17] 공정거래법은 공정거래위원회가 경찰이 아닌 '검찰총장'에게 전속적으로 고발하도록 명시하고 있다. 이는 신속하고

---

14) 법무부와 검찰은 정부 조직상 구별되어 있으나, 상호 유기적인 관계에 있다. 검사들은 순환보직 시스템에 따라 수년 단위로 소속 부서를 옮기는데, 법무부, 대검찰청 및 산하 검찰청 중 어디든지 발령이 날 수 있으며, 상당수의 검사들은 법무부와 검찰청에서 모두 근무한 경험이 있다. 이처럼 법무부와 검찰은 인적 구성이나 업무가 밀접히 연계되어 있기 때문에 긴밀한 협력 관계를 유지하고 있다.

15) 대검찰청은 검찰총장을 보좌하면서 일선 검찰청을 지휘 감독하는 기능을 하며, 구체적 사건의 수사와 기소는 대검찰청의 지휘와 지원 아래 산하 검찰청에서 이루어진다.

16) 신설 당시 공정거래부의 정식 명칭은 '공정거래조세조사부'였으며, 주로 공정거래위원회와 국세청(조사4국)의 고발 사건을 함께 처리하였다. 이후 전문성 강화를 위해서 2018. 2. 공정거래조사부와 조세범죄조사부로 분리되었다.

17) 전통적으로 특별수사부 등 검찰의 직접 수사 기능이 강한 부서들은 서울중앙지방검찰청 제3차장 산하에 배치되어 왔다. 2020. 9.부터는 공정거래부가 제4장 산하로 들어갔으나, 이는 검찰 직제 개편에 따라 반부패수사부(구 특별수사부) 등 직접 수사 부서들이 일괄적으로 제4차장 산하로 재편된 것이다. 이는 공정거래부의 직접 수사 기능이 여전히 강조됨을 보여주는 것이다.

효율적인 수사를 통해서 중대 공정거래사범을 엄단하는 한편, 수사로 인한 기업의 부담을 경감시키고자 하는 취지로 보인다. 또한, 공정거래위원회는 수사기관이 아닌 행정기관이기 때문에 공정거래위원회의 고발은 '수사의 단서'로서의 성격이 강하고 사실상 검찰에서 위 고발 사건을 새롭게 직접 수사를 해야 하는 경우가 많다. 더욱이, 현재 공정거래위원회의 조직과 운영을 살펴보면, 법률가의 비중과 역할이 크지 않은 편이기 때문에 검찰은 준사법기관으로서 객관적이고 중립적인 법률가의 시각에서 공정거래위원회의 고발 사건을 처음부터 다시 검토할 필요성이 크다.[18] 따라서, 공정거래 분야에서는 검찰의 준사법 기능과 더불어 직접 수사 기능은 필수적이다.[19] 특히, 국제카르텔 등 중요 공정거래 사건 수사에는 공정거래법에 대한 이해는 물론 시장경제와 외교통상에 대한 폭넓은 시야를 바탕으로 정치한 접근이 필요하므로 전문검사의 양성과 투입이 무엇보다 중요하다. 이러한 맥락에서 공정거래부의 조직과 배치, 국제카르텔 사건의 공정거래부 집중 현상을 이해할 수 있을 것이다.[20]

18) 일본에서도 공정취인위원회가 범칙조사절차를 도입하기 전에는 검찰에서 처음부터 다시 조서 등을 작성해야 하는 경우가 많았던 것으로 알려져 있다.

19) 공정거래위원회 고발 사건의 경우에는 조사나 기록 조제 방식이 수사기관과 많은 차이가 있기 때문에 검찰의 수사 기능이 강조될 수밖에 없다.

20) 검찰의 직접 수사 범위는 시대 상황에 따라서 부침(浮沈)이 있어 왔다. 하지만, 수사는 기소 여부를 결정하기 위한 절차이기 때문에 양자를 완벽하게 분리되기 어렵다. 특히, 공정거래 분야는 형사리니언시 등이 기소권과 불가분의 관계에 있고 법률가의 전문성이 필수적이기 때문에 향후 검찰의 직접 수사 범위가 축소되더라도 검찰의 카르텔 형사집행이나 가이드라인에는 큰 변화가 없을 것으로 예상된다.

미국 연방검찰과의 비교

미국에서는 카르텔을 비롯한 반독점 관련 민·형사 법집행은 연방검찰(DOJ) 산하 반독점국(Antitrust Division), 그 외 공정거래 관련 규제는 연방거래위원회(Federal Trade Commission)를 중심으로 이루어지고 있다.

미국 연방검찰의 수장은 Attorney General(AG)이며, 한국의 법무부장관과 검찰총장의 기능을 겸하고 있다.[21] 이러한 맥락에서 미국 연방검사의 역할이 한국 검사보다 클 것이라고 생각할 수도 있으나, 반드시 그런 것은 아니다. 미국 연방검사의 업무는 기소와 공소유지가 차지하는 비중이 크고, 수사 기능은 DOJ 산하 연방수사국(Federal Bureau of Investigation, FBI)에 집중되어 있다. 하지만, 한국 검사는 직접 수사 기능이 강하기 때문에 연방검사와 FBI의 기능을 모두 수행하고 있다고 볼 수 있다.[22]

참고로, 한국에서 대검찰청 산하의 검찰청들을 "지방검찰청"이라고 부르기 때문에 이를 "District Prosecutors' Office"라고 번역하고 있으나, 미국의 지방검찰청(District Attorney's Office)과는 성격이 다르다. 미국의 지방검사는 지역별로 선출되어 그 지역 내에서만 관할을 가지나, 한국의 모든 검사는 대통령이 임명하며, 일정한 요건 아래 전국적으로 독자적인 사건 수사나 기소가 가능하다. 또한, 미국과 달리 한국에서는 지방자치단체 단위로 별도의 자치 검찰이나 자치 경찰을 두고 있지 않고 있다. 따라서, 한국의 검사는 미국의 지방검사보다는 오히려 연방검사와 유사한 측면이 많다.

---

21) 국내에서는 AG를 '법무부장관'으로 번역하는 사례가 있으나, 형사집행과 관련하여 AG는 한국의 검찰총장(Prosecutor General)에 보다 가깝다고 할 수 있다.

22) '미국 검사는 수사를 하지 않는다'는 주장은 사실이 아니다. 미국 검사가 사건 관계인을 직접 조사하는 사례가 적은 것은 사실이나, 중요 사건에 있어서는 수사팀에 참여하여 수사를 주도하는 경우가 많다. 특히, 카르텔 사건의 경우 사건 관계인의 조사는 FBI가 담당하더라도 연방검사가 리니언시 등과 관련하여 초동 단계부터 수사에 직접 관여하는 경우가 많다. 수사란 범죄 혐의를 밝히기 위한 광범위한 활동인바, 수사의 일부 절차에 불과한 '조사(interview/interrogation)'와 등가(等價) 관계로 볼 수 없다.

제 2 장

카르텔 개관[1)]

제1절 카르텔의 개념

카르텔이란 물품이나 용역을 공급하는 복수의 기업[2)] 간에 가격, 물량, 거래조건 등을 조작하여 경쟁을 제한하는 행위를 말하며, 그 목적과 효과에 따라 경성(hardcore)과 연성(soft)으로 나눌 수 있다. 전자는 경쟁제한만을 목적으로 하는 반면, 후자는 효율성증대 효과를 수반하는 것을 의미한다.[3)]

우리나라에서는 카르텔을 중요한 범죄로 인식하여 형법, 공정

---

1) JSK., 9-103, 132-134면에서 발췌 및 보완.

2) 카르텔의 주체와 관련하여 우리나라 공정거래법에서는 '사업자', 외국에서는 '회사(corporate)' 등 다양한 표현을 사용하고 있다. 본서에서는 자연인으로서의 사람에 대비하여 사업자, 회사 등을 아우르는 개념으로 '기업'을 사용하기로 한다.

3) 권오승, 경제법 (2019), 290-291면.

거래법, 건설산업기본법 등에서 형사처벌 규정을 두고 있다. 특히 공정거래법에서는 다양한 카르텔 유형을 폭넓게 처벌하고 있으며, 형법과 건설산업기본법에서는 입찰담합에 특화된 처벌 규정을 두고 있다. 먼저, 공정거래법은 카르텔을 '부당한 공동행위'(이하 '부당공동행위')라고 지칭하면서 「계약·협정·결의 등의 방법으로 다른 사업자와 공동으로 부당하게 경쟁을 제한하는 행위」를 금지하고 있으며, 관련 처벌 규정을 두고 있다. 다음으로, 입찰 관련 카르텔의 경우 공정거래법위반죄와 형법상 입찰방해죄가 모두 적용될 수 있다. 특히, 건설 입찰을 방해한 경우에는 건설산업기본법위반죄도 성립할 수 있다. 공정거래법은 「입찰 또는 경매에 있어 낙찰자, 경락자, 투찰가격, 낙찰가격 또는 경락가격, 그 밖에 대통령령으로 정하는 사항을 결정하는 행위」, 형법은 「위계 또는 위력 기타 방법으로 경매 또는 입찰의 공정을 해한 자」, 건설산업기본법은 「1. 부당한 이익을 취득하거나 공정한 가격 결정을 방해할 목적으로 입찰자가 서로 공모하여 미리 조작한 가격으로 입찰한 자, 2. 다른 건설업자의 견적을 제출한 자, 3. 위계 또는 위력, 그 밖의 방법으로 다른 건설업자의 입찰행위를 방해한 자」를 각각 구성요건으로 하고 있다. 외견상으로는 각 구성요건이 다르게 규정되어 있으나, 입법자가 실질적인 차별화를 의도했다기보다는 주무 부처와 입법 연혁에 따른 차이로 보인다. 따라서, 카르텔에 관한 일반 법리는 위 세 법률에 대체로 통용될 것이다.

제2절 카르텔의 성립과 종료

카르텔은 둘 이상의 기업들 사이에 부당하게 경쟁을 제한하려는 의사의 합치가 있으면 그 즉시 성립한다. 위 합의가 법률적으로 강제할 수 있는 유효할 계약일 필요도 없으며, 합의 이후 실제로 이를 실행했는지 여부도 범죄의 성립에 영향을 미치지 아니한다. 합의의 형식에는 제한이 없으며, 계약·협정·결의 기타 어떠한 방법으로도 성립될 수 있다. 또한, 합의는 반드시 명시적으로 표시되어야 하는 것은 아니고 묵시적으로도 이루어질 수 있다.[4)]부당하게 경쟁을 실질적으로 저해했는지 여부는 사실 인정뿐만 아니라 규범적 판단이 중요하기 때문에 획일적인 기준을 제시하기 어렵다. 다만, 검찰의 실무를 살펴보면 주로 입찰담합 등 소비자나 사회의 편익과 무관하게 기업의 이익 창출을 목적으로 경쟁을 회피하는 카르텔을 형사집행 대상으로 삼고 있다. 따라서, 검찰의 형사집행 대상과 관련하여 부당성이나 경쟁제한성에 대한 판단은 다툼의 여지가 적다고 할 수 있다.

카르텔의 가장 중요한 성립 요건이 합의이기 때문에 카르텔의 단위는 원칙적으로 합의(agreement) 내지 공모(conspiracy) 별로 판단한다. 후술하는 형사리니언시의 적용 범위도 위 단위와 기준에 따라서 정해지게 된다. 위 합의 상태의 변화는 카르텔의 존부나 그 구성원의 지위에도 영향을 미친다. 예컨대, 카르텔 구성원 전원이 합의에서 탈퇴한 경우에는 당연히 카르텔은 더 이상 존속될 수 없다. 반면, 카르텔 구성원 중 일부가 합의에서 탈퇴하더라도 나머지 복수의 구성원 간 합의에 변화가 없다면 카르텔은 유지되고, 합의 탈퇴의 효력은 탈퇴한 구성원에게만 미치게 된다.[5)] 합의 탈퇴 여부를 판단하는 기준에 대해서는 아직 형사 판례나 이론

---

4) 대법원 1999. 2. 23. 선고 98두15849 판결; 권오승, 경제법 (2019), 280-295면.

5) 물론, 두 개의 기업으로 구성된 카르텔 경우에 한 기업이 합의에서 탈퇴하면 남은 한 기업만으로는 합의가 성립할 수 없기 때문에 카르텔 자체가 종료된다.

이 정립되지 않은 것으로 보인다. 다만, 행정소송 판례에서는 「합의에 참가한 일부 사업자가 부당공동행위를 종료하기 위해서는 다른 사업자에 대하여 합의에서 탈퇴하였음을 알리는 명시적 내지 묵시적인 의사표시를 하고 독자적인 판단에 따라 담합이 없었더라면 존재하였을 생산량 또는 판매량 수준으로 되돌리는 등 합의에 반하는 행위를 하여야 하며, 합의에 참가한 사업자 전부에 대하여 부당공동행위가 종료되었다고 하기 위해서는 합의에 참가한 사업자들이 명시적으로 합의를 파기하고 각 사업자가 각자의 독자적인 판단에 따라 담합이 없었더라면 존재하였을 생산량 또는 판매량 수준으로 되돌리는 등 합의에 반하는 행위를 하거나 또는 합의에 참가한 사업자들 사이에 반복적인 생산 또는 판매 경쟁 등을 통하여 담합이 사실상 파기되었다고 인정할 수 있을 만한 행위가 일정 기간 계속되는 등 합의가 사실상 파기되었다고 볼 수 있을 만한 사정이 있어야 한다」고 판시하고 있다. 위 요건을 정리하면, 크게 ① 합의 파기의 의사표시, ② 합의에 반하는 행위, ③ 합의 이전 상태의 회복 등으로 요약할 수 있다. 이 중 두 번째 요건과 관련하여, 일부 기업이 합의에 반하는 행위를 하더라도 합의 파기를 인정할 정도로 유의미한 것은 아닌 한 합의 탈퇴가 인정되지 않을 수 있음을 유의해야 한다.[6)]

제3절 카르텔의 죄수와 종기

카르텔의 죄수와 종기는 서로 밀접한 관계를 가지고 있으며,

6) 대법원 2009. 5. 28. 선고 2008두549 판결, 강우찬, 부당한 공동행위의 수(數)와 기본합의, 공정거래법 판례선집 (2011), 254-266면.

형사집행에 있어서 중대한 영향을 끼친다. 예컨대, 죄수를 어떻게 보느냐에 따라서 카르텔의 종기나 공소시효의 판단이 달라질 수 있다.

카르텔의 죄수를 논하기 위해서는 우선 카르텔을 상태범으로 볼 것인지 아니면 계속범으로 볼 것인지 여부를 살펴보아야 한다. 상태범이란 「구성요건적 결과의 발생과 동시에 범죄도 완성되는 범죄」를 말하고, 계속범이란 「구성요건적 행위가 위법상태의 야기뿐만 아니라 시간적 계속을 요하므로 행위의 계속과 위법상태의 계속이 병행하는 범죄」를 의미한다. 상태범에서는 공범의 성립 범위나 범행의 종기 내지 공소시효를 제한적으로 판단하는 반면, 계속범의 경우에는 보다 유연하고 광범위하게 법집행을 할 수 있다는 점에서 실무상 큰 차이가 있다.[7]

일본에서는 카르텔을 계속범으로 보는 견해가 유력하다. 즉, 「부당한 거래 제한의 죄를 계속범으로 파악하여 공동 수행 행위와 상호 구속 행위를 서로 연결되어 있는 연결선상에서 시계열적으로 파악해야 한다. 형사사건에서는 '실행행위'를 일련의 과정인 '선'으로서 이해하는 반면에 행정처분에서는 행위를 '점'으로 이해하고 있다는 비유를 통해 양자 간의 차이를 설명할 수 있다」는 것이다. 나아가, 경제적 현실을 고려하면 합의 성립 이후에도 법익 침해가 계속되는 현상이 더욱 심각한 문제이므로 「상호 구속 행위 등이 이루어지고 경쟁이 실질적으로 제한됨으로써 기수가 되지만, 그 시점에서는 종료하지 않고 경쟁이 실질적으로 제한되고 있는 행위의 결과가 소멸할 때까지는 계속 성립된다」고 분석하고 있다.[8] 우

7) 이재상/장영민/강동범, 형법총론 (2018), 77면 등.

8) 元永剛, カルテル犯罪(不當な取引制限の罪)の實行行爲について, 高岡法學 28 (2010), 169頁; 東京高裁 平成8年5月31日 高集49卷2号; 東京高裁 平成19年9月21日 高集54卷; 이한영/차성민, 부당한 공동행위의 실행행위와 기수시기, 경쟁법연구 (2015),

리나라 대법원도 「가격결정 등의 합의 및 그에 기한 실행행위가 있었던 경우, 부당공동행위가 종료한 날은 합의가 있었던 날이 아니라 합의에 기한 실행행위가 종료한 날을 의미한다. 따라서 공정거래법 제19조 제1항 제1호에서 정한 가격결정 등의 합의에 따른 실행행위가 있는 경우 공정거래법 제66조 제1항 제9호 위반죄의 공소시효는 실행행위가 종료한 날부터 진행한다」고 판시하고 있는데, 이에 대해서 「판례는 담합을 즉시범이 아닌 계속범을 전제로 한 것으로 보이고, 규범적 의미에서 종료 시점을 파악해야 하므로 추가적인 법익 침해 여부가 더 이상 발생할 수 있는지 여부가 종료 시점의 중요한 기준」이라는 분석이 유력하다.[9)]

카르텔의 보호법익은 자유롭고 공정한 경쟁이며 범행의 본질이 '경쟁제한성'에 있다면, 이를 합의 시점에 국한하여 단편적·형식적으로 판단할 것이 아니라 합의에 기한 법익 침해 상태까지 고려해야 한다. 그렇다면, 카르텔은 상태범이 아닌 계속범으로 보는 것이 정의와 형평에 부합하며, 검찰의 형사집행도 이러한 맥락에서 이루어질 것이다.

다음으로, 카르텔의 죄수와 관련해서 실무상 중요한 법리로서 '포괄일죄'가 있다. 죄수론에서는 일반적으로 자연적 의미의 행위보다는 구성요건적 행위를 중시하기 때문에 외견상 수개의 자연적 행위가 있었더라도 그것을 하나의 죄로 취급하는 경우가 있다. 특히, 「독자적으로 구성요건을 충족하는 수개의 행위들이 포괄적으로 한 개의 구성요건에 해당하여 일죄를 구성」하는 경우 이를 포괄일죄라고 하는데, 일정한 합의에 기해서 범행이 계속되는 사례

36−45면.

9) 대법원 2012. 9. 13. 선고 2010도16001 판결; 강우찬, 담합의 종기와 관련한 몇 가지 쟁점에 대한 소고, 경쟁법연구 (2015), 56−57면; 장혜명, 일시적 가격인하와 부당공동행위의 종기에 관한 분석, 법학논총 (2018), 418−420면.

가 많은 카르텔의 경우 포괄일죄에 해당할 때가 많다.[10)]

대법원은「단일하고도 계속된 범의 아래 동종의 범행을 일정 기간 반복하여 행하고 그 피해법익도 동일」한 경우 포괄일죄로 취급하고 있는바, '범의의 단일·계속성, 범행의 동종·반복성, 법익의 동일성'으로 포괄일죄의 요건을 요약할 수 있다.[11)] 카르텔은 당해 시장에서 자유롭고 공정한 경쟁을 해치는 범죄로서 침해 법익의 동일성은 인정될 여지가 크다. 또한, 연속된 카르텔은 세부적 행위의 시간과 장소는 달라질 수 있어도 실행 대상이 관련 시장으로 특정될 수 있고, 상당 기간 동안 가격담합이나 입찰담합과 같이 비슷한 방법이 사용된다는 점 등에서 범행의 유사성이나 반복성도 충족될 경우가 많을 것이다. 가장 판단이 어려운 것은 주관적 요건인 범의의 단일성이라고 할 수 있다. 이와 관련하여「행위자가 사전에 범행의 시간·장소·피해자 및 범행방법을 포함한 행위의 전체결과를 인식하고 이를 개별적 행위에 의하여 단계적으로 실현할 것을 결의」하는 이른바 '전체고의'가 있어야만 범의의 단일성을 인정할 수 있다는 주장도 있으나,「전체고의를 요구할 경우 오히려 계획적이고 치밀한 범죄인에게 특혜를 주게 되므로 범의의 계속성만 있으면 포괄일죄가 된다」는 견해가 검찰 실무에 가깝다.[12)] 따라서 범행의 태양이 유사하게 반복되는 카르텔에 있어서도 명시적인 기본적 합의가 존재하는 경우는 물론 그렇지 않은 경우에도 범의의 단일성이 인정될 경우가 많을 것이다.

---

10) 신동운, 형법총론 (2017), 758－788면; 이재상/장영민/강동범, 형법총론 (2018), 530－552면. 앞서 소개한 일본 판결 등에서도「상호 구속 행위를 한 후에 이에 근거하여 이루어진 수행 행위는 부당한 거래제한죄의 포괄일죄가 성립」한다고 밝힌 바 있다.

11) 대법원 2002. 7. 12. 선고 2002도2029 판결 등.

12) 신동운, 형법총론 (2017), 789면; 이재상/장영민/강동범, 형법총론 (2018), 549－550면.

카르텔에 포괄일죄를 적용할 경우 피의자나 피고인에게 유리할지 불리할지 여부는 일률적으로 판단하기 어렵다. '사실인정'과 관련해서는 검사의 공소사실 특정 및 입증을 완화함으로써 피고인의 방어권 행사에 불리하게 작용한다는 분석도 가능하나, 포괄일죄의 경우에도 여전히 개별 행위에 대한 최소한의 공소사실 특정과 입증이 필요하기 때문에 검사의 책무가 무조건 경감된다고 일반화하기는 곤란하다.[13] '죄수론' 측면에서는 포괄일죄를 적용하면 경합범 가중을 피할 수 있으므로 피고인에게 유리할 수 있다. 포괄일죄가 상습범 등에 해당하여 가중처벌될 경우에는 실체적 경합범으로 처벌받는 것이 보다 유리할 수도 있으나, 아직 카르텔 관련 가중처벌 규정은 없는 상태이다. '기판력'의 관점에서는 포괄일죄를 구성하는 일부 행위에 대해서 확정 판결을 받으면 나중에 포괄일죄 기간 중 행해진 다른 범행이 발각되더라도 따로 처벌을 받지 않을 수 있다는 측면에서 유리할 수도 있다. 포괄일죄 기간 중 법령이 개정된 경우에는 위법행위 종기 당시의 규정을 적용하게 된다. '형의 변경'이 있는 경우에는 최후의 행위시법이 적용되므로, 법 개정으로 형이 상향되었을 때는 피고인에게 불리하게, 형이 하향되거나 폐지되었을 경우에는 피고인에게 유리하게 작용할 수 있다.[14]

실무상 포괄일죄 법리를 적용하는지 여부에 따라서 결정적으로 영향을 받는 것은 공소시효의 문제이다. 검찰에서는 '자동차 해상운송 국제카르텔' 사건 등에서 포괄일죄를 적용하여 공소시효를 연장시켜 기소 범위를 확대한 사례들이 있으며, 법원도 포괄일죄

---

13) 예컨대, 검사가 일련의 업무상횡령을 포괄일죄로 기소할 경우 공소장에 개별 횡령의 태양과 금액을 일정 정도 이상으로 특정하고 입증해야 한다.

14) 대법원 1998. 2. 24. 선고 97도183 판결 등.

법리에 기한 공소시효 확장을 인정하고 있는 것으로 보인다.[15)]

제4절 입찰 카르텔의 특성

입찰 관련 카르텔에 대해서는 형법, 건설산업기본법, 공정거래법이 적용될 여지가 있으나, 이들 구성요건 간의 관계는 이론적으로나 실무적으로 정립되어 있지 않다. 공정거래위원회와 수사기관은 사실상 동일한 사건에 대해서 어떤 때에는 공정거래법위반죄로 의율하기도 하고 어떤 때에는 형법상 입찰담합죄나 건설산업기본법위반죄로 의율하는 경우도 있다. 여기서 발생하는 가장 큰 문제는 형사집행의 불균형이다. 첫째로, 공정거래법상 입찰담합에 대해서는 전속고발제도와 자진신고제도가 적용되나, 형법상 입찰방해죄와 건설산업기본법위반죄에 대해서는 위 두 제도가 적용되지 아니한다. 따라서, 공정거래위원회에 자진신고하여 형사고발이 면제된 경우 특별한 사정이 없는 한 공정거래법위반죄로 처벌받지 아니하나, 이론상으로는 형법상 입찰방해죄나 건설산업기본법위반죄로는 처벌받을 수도 있다. 또한, 법정최고형도 공정거래법은 징역 3년 또는 벌금 2억원, 형법은 징역 2년 또는 벌금 700만원, 건설산업기본법은 징역 5년 또는 벌금 2억원으로 각각 다르게 규정하고 있다. 그 결과, 어떤 구성요건을 적용하느냐에 따라서 처벌 여부 및 그 양형에 있어서 불균형이 생길 수 있는 것이다. 그러므로, 위 세 가지 구성요건 간의 관계를 정립하여 형사집행의 정합성을 담보할 필요가 있다.[16)]

15) JSK, 116－118면; 서울중앙지법 2019. 1. 31. 선고 2017고단6090 판결; 대법원 2011. 7. 28. 선고 2008도5757 판결 등.

16) 건설산업기본법위반죄는 '건설공사'의 입찰에만 적용되며, 형법상 입찰방해죄와 법조경합 관계라는 것이 실무상 정리된 상태이므로 다음에서는 주로 형법과 공정거래

형법은 「입찰의 공정을 해한 자」, 공정거래법은 「부당하게 경쟁을 제한하는 행위를 할 것을 합의」하는 것을 각각 주된 구성요건으로 규정하고 있다. 문리해석상 도출할 수 있는 양 구성요건의 차이는 '기수' 시점이다. 공정거래법에서는 미래의 경쟁제한행위에 대한 '합의'에 방점을 둠으로써 형법상 위험범이라는 인상이 강하다. 반면, 형법이나 건설산업기본법에서는 입찰을 '(방)해한'이란 표현에 눈길이 감으로써 혹시 침해범이 아닌가 하는 의문이 들 수 있다.[17)]

기술한 바와 같이, 공정거래법상 담합의 기수는 '합의'만 있으면 족하고 실제로 그 합의를 실행했는지 여부는 범죄 성립에 영향을 미치지 아니한다는 것이 통설과 판례이다. 이는 입법 연혁을 보면 보다 명확히 알 수 있다. 원래 공정거래법상 담합의 구성요건은 "경쟁을 실질적으로 제한하는 행위"였다. 그래서 구법 당시에는 실제로 경쟁제한적인 실행행위까지 나아가야 범행의 기수에 이르는 것으로 보았다. 하지만, 담합 합의가 있으면 그것이 실행될 가능성이 매우 높음에도 실제 실행행위가 있어야만 비로소 규제가 가능하다면 피해 예방이나 법집행에 공백이 생길 수 있다는 반성적 고려에서 1992년에 '합의'만 있으면 제재가 가능하도록 법이 개정된 것이다.[18)]

위와 같은 공정거래법의 입법 및 해석 추이에 비추어 보면, 형법상 입찰방해죄는 침해범이라는 인상이 더욱 짙어질 수도 있

법의 관계에 초점을 맞추어 살펴보기로 한다.

17) 「범죄 성립에 법익의 침해가 요구되는 범죄」를 침해범, 「법익 침해에 대한 구체적이고 현실적인 위험이 발생할 것을 요하는 범죄」를 구체적 위험범, 「법익 침해에 대한 일반적인 위험이 있으면 구성요건이 충족되는 범죄」를 추상적 위험범이라고 한다. 김성돈, 형법총론 (2018), 114면 등.

18) 권오승/서정, 공정거래법 (2017), 259면 등.

다. 하지만, 이 역시 추상적 위험범으로 봄이 상당하다. 침해범과 추상적 위험범의 구별은 「조문의 문언상 표현만으로는 파악하기 어렵고, 결국 개별 범죄의 해석에 관한 문제로서 개별 범죄의 불법이 무엇인가 하는 실질을 해명함으로써 가능」한 것이다.[19] 입찰은 기업 간 경쟁력을 공정하고 객관적으로 평가할 수 있는 가장 오래되고 정형화된 도구이다. 따라서, 그 형식과 절차가 매우 엄격하며, 공사(公私) 영역을 막론하고 각종 조달·용역 등과 관련하여 우리 사회에서 매우 중요한 위치를 차지하고 있다. 입찰 관련 시장에서는 경쟁 사업자들이 소수로서 예측 가능한 경우가 많고, 특히 과점 시장이 많은 우리나라에서는 더욱 그러하다. 입찰의 정형성과 엄격성에 비추어 볼 때 소수의 경쟁 기업들이 담합하기로 하면, 실제로 입찰의 공정이 침해될 위험이 매우 높다. 따라서 공정거래법상 입찰담합과 형법상 입찰방해는 모두 추상적 위험범으로서 담합의 합의만 있으면 기수가 되고, 투찰·낙찰·물량배분 등 구체적 실행행위까지 필요하지 않다고 해석해야 할 것이다.

판례는 한때 형법상 입찰방해죄의 성립을 위해서는 공정한 가격을 해하거나 부정한 이익을 얻을 것까지 요구한 적이 있었다. 즉, 「특정입찰자에게 부당한 이익을 주고 입찰실시자에게 그 상당의 손해를 입히는 결과를 가져올 정도로 싼 값으로 낙찰되도록 하기 위한 사전협정으로서 그 어느 경우이건 매수인이 된 입찰자에게 책임을 돌릴 수 있는 경우」에만 입찰방해죄를 인정하고, 「적정한 기업이윤을 확보하고 무모한 경쟁을 방지하기 위한 경우」에는 담합자끼리 금품을 수수하거나 의사를 타진하였더라도 입찰방해죄를 부정했었다.[20] 그러나 이후 대법원은 「입찰방해죄는 위태범으

---

19) 오영근, 형법총론 (2018), 60면 등.

20) 대법원 1971. 4. 20. 선고 70도2241 판결 등.

로서 결과의 불공정이 현실적으로 나타나는 것을 요하는 것이 아니고, 여기서 '입찰의 공정을 해하는 행위'란 공정한 자유경쟁을 방해할 염려가 있는 상태를 발생시키는 것, 즉 공정한 자유경쟁을 통한 적정한 가격형성에 부당한 영향을 주는 상태를 발생시키는 것이며, 그 행위에는 가격을 결정하는데 있어서뿐 아니라, 적법하고 공정한 경쟁방법을 해하는 행위도 포함」된다며 변화된 입장을 보였다. 나아가, 「그 행위가 설사 동종업자 사이의 무모한 출혈경쟁을 방지하기 위한 수단에 불과하여 입찰가격에 있어 입찰실시자의 이익을 해하거나 입찰자에게 부당한 이익을 얻게 하는 것이 아니었다 하더라도 실질적으로는 단독입찰을 하면서 경쟁입찰인 것 같이 가장하였다면 그 입찰가격으로써 낙찰하게 한 점에서 경쟁입찰의 방법을 해한 것이 되어 입찰의 공정을 해한 것」이며, 「반드시 입찰참가자 전원 사이에 담합이 이루어져야 하는 것은 아니고, 입찰참가자들 중 일부 사이에만 담합이 이루어진 경우라고 하더라도 그것이 입찰의 공정을 해하는 것으로 평가되는 이상 입찰방해죄는 성립」한다고 판시하고 있다.[21] 위와 같은 판례의 변화는 입찰담합의 남발로 인한 사회적 피해가 심각해짐에 따라 이에 대한 강력한 형벌을 요구하는 시대적 상황 변화가 반영된 것이라고 생각한다. 학계에서도 형법상 입찰방해죄는 추상적 위험범이라는 것이 통설인바, 공정거래법상 입찰담합과 형법상 입찰방해는 이론과 판례가 상당히 근접해가고 있는 것으로 보인다.[22]

위와 같은 맥락에서 볼 때 공정거래법상 입찰담합과 형법상 입찰방해는 구성요건에 있어서 사실상 별다른 차이가 없다고 할

21) 대법원 1988. 3. 8. 선고 87도2646 판결 등.

22) 박강우, 경매입찰방해죄와 담합행위의 형법적 규율, 법학연구 (2016), 230면; 한국사법행정학회, 주석 형법 Ⅳ (2001), 641면.

것이다. 그럼에도 불구하고, 전속고발제가 적용되지 않는다는 형식 논리만으로 자진신고를 통해서 공정거래법위반죄로 처벌되지 않는 입찰담합을 형법이나 건설산업기본법을 적용해서 처벌하는 것은 국가 형벌권의 정합성을 해치기 때문에 바람직하지 않다. 과거에는 위와 같이 공정거래위원회나 수사기관의 입장이 달랐던 사례가 간혹 있었던 것으로 알려져 있으나, 이는 양 기관 간 정보공유나 소통이 부족했던 것이 주된 원인으로 추측된다. 최근 검찰 실무를 살펴보면, 공정거래위원회로부터 행정리니언시를 부여받은 기업이나 개인에 대해서 고발요청권을 행사하거나 형법상 입찰방해죄나 건설산업기본법위반죄를 따로 의율하여 처벌한 사례를 찾아보기 어렵다. 가이드라인에서 형법, 건설산업기본법, 공정거래법상 카르텔을 모두 적용 대상으로 한 것도 정합적인 형사집행을 담보하기 위한 것이다. 따라서, 공정거래위원회에 행정리니언시를 신청한 기업이나 개인이 검찰에 형사리니언시를 신청할 경우 검찰에서 고발요청권을 행사하거나 형법이나 건설산업기본법을 적용하여 처벌할 수 있다는 우려는 사실과 다르다.

다음으로, 법정형의 불균형과 관련해서는 각 구성요건 간 경합관계에 대해서도 살펴볼 필요가 있다. 먼저, 형법과 건설산업기본법의 관계에 대해서는 한때 「(건설산업기본법의 전신인) 건설업법을 형법의 특별법으로 보지 않는 것이 대법원의 입장」이라는 분석도 있었다.[23] 하지만, 최근에는 건설산업기본법 제95조가 형법 제315의 특별규정으로서 양자는 법조경합 관계라는 평가가 정착되었다고 할 수 있다.[24] 반면, 공정거래법 제66조는 형법 제315조나 건설산업기본법 제95조의 특별법 규정으로 인식하지 않는 것으로

---

23) 계창업, 담합입찰행위와 범죄의 성부, 법조 판례연구 (1959), 460면.

24) 대법원 2001. 2. 9. 선고 2000도4700 판결 등.

보인다. 공정거래법위반죄가 형법상 입찰방해죄나 건설산업기본법 위반죄와 실체적 경합인지 상상적 경합인지에 대해서는 논란이 있으나, 후자로 봄이 타당하다. 기술한 바와 같이, 각 법률에서 규정하는 입찰 카르텔은 구성요건의 문언상 다소 차이는 있으나, 위반 행위의 본체가 거의 같고 이론과 판례도 상호 접근해가고 있으므로 하나의 행위로 취급하는 것이 바람직하다.[25] 또한, 상상적 경합은 소송법상 일죄로서 기판력이 미치므로 피의자나 피고인이 하나의 죄명으로 재판을 받은 후에 다른 죄명으로 수사나 기소의 대상이 될 위험을 차단하는 효과도 있을 것이다.[26] 다만, 건설공사 입찰담합이 다른 입찰담합에 비해서 항상 사안이 중하다고 단정할 수는 없고, 형법과 공정거래법의 법정형이 외국에 비해서 낮은 편이기 때문에 입법을 통해서 법정형의 불균형을 해결해야 할 것이다.

마지막으로, 입찰 카르텔의 종료일에 대해서 '입찰일, 낙찰자 선정일, 계약체결일, 물량배분 종료일, 공정위 조사일' 등 다양한 견해가 대립하고 있다. 이들 중 일회성 입찰담합과 계속적 입찰담합을 구분해서 입찰담합의 종기나 공소시효의 기산점을 달리 판단해야 한다는 입장이 검찰 실무에 가장 부합한 것으로 보인다.[27] 판례는 입찰계약을 중심으로 범행 종기나 공소시효 기산점을 판단한 사례가 많다. 하지만, 개별 입찰계약에 집착할 경우 개개의 담합이 그 때마다 종료된 것으로 보아야 하므로, 포괄일죄 법리에 따라 종기를 연장하거나 카르텔의 존속을 전제로 하여 담합 탈퇴나 파기 인정을 제한하는 판례의 결론을 논리적으로 설명하기 어

---

25) 법원도 건설사의 입찰담합과 관련하여 공정거래법과 건설산업기본법을 동시에 의율하면서 양자를 상상적 경합으로 판단한 사례가 있다. 서울중앙지방법원 2008. 2. 14. 선고 2007고단6399 판결 등.

26) 김성돈, 형법총론 (2018), 750면 등.

27) 권오승/서정, 공정거래법 (2017), 344-346면.

렵다. 따라서, 포괄일죄나 기본적 합의에 기한 계속적 담합의 경우에는 마치 실체적 경합범처럼 입찰계약을 중심으로 범행 종기를 판단해서는 안 될 것이다.[28)]

공정거래위원회 및 행정소송 실무 비교

공정거래법상 카르텔의 수와 종기를 판단하는 기준에 대한 구체적인 규정은 없다. 다만, 공정거래위원회의 과징금 관련 고시에서는 「위반행위가 2일 이상 행하여지되 불연속적으로 이루어진 경우에는, 당해 위반행위의 유형·성격·목적·동기, 연속되지 아니한 기간의 정도와 이유, 위반행위의 효과, 시장상황 등 제반사정을 고려하여 경제적·사회적 사실관계가 동일하다고 인정되는 범위 내에서 이를 하나의 위반행위로 보아 마지막 위반행위의 종료일」, 「위반행위의 실행은 종료되었으나 사업자가 그 실행의 결과를 유지하면서 그로 인하여 지속적으로 이익을 취득하거나 손해를 발생시키고 있는 경우에는 이익의 취득 혹은 손해의 발생이 종료된 날」, 「부당공동행위의 합의가 더 이상 존속하지 아니하게 된 날(참가사업자들이 여러 차례의 합의를 한 경우에는 합의의 구체적 내용과 사정 등을 종합적으로 고려)」을 위반행위의 종료일로 보고 있다. 또한, 공동행위 관련 예규에서는 「부당공동행위가 종료한 날은 원칙적으로 그 합의에 기한 실행행위가 종료한 날」이라고 밝히고 있다.[29)]

이와 관련된 행정소송 판례를 살펴보면, 크게 기본적 합의 유무에 따라 판단기준을 유추해볼 수 있다. 먼저, 기본적 합의가 있을 때에는 「(그 합의를) 실행하는 과정에서 수차례 회합을 가졌고 각 회합의 구체적 내용이나 구성원에 일부 변경이 있더라도 일련의 합의는 전체적으로 하나의 부당공동행위로 보아야 하고 회합 또는 합의를 개별적으로 분리하여 위반행위 종료일을 판단해서는 안 된다」고 판시한 바 있다. 나아가, 기본적 합의가 명확히 인정되지 않는 경우에도 「장기간에 걸쳐 여러 차례 합의를 해온 경우 그 각 합의가 단일한 의사에 터잡아 동일한 목적을 수행하기 위한

28) 강우찬, 담합의 종기와 관련한 몇 가지 쟁점에 대한 소고, 경쟁법연구 (2015), 61－62면.

29) 과징금부과 세부기준 등에 관한 고시 (2017), 공동행위 심사기준 (2015) 등.

것으로서 끊임없이 계속 실행되어 왔다면, 그 각 합의의 구체적인 내용이나 구성원 등에 일부 변경이 있었다고 할지라도, 특별한 사정이 없는 한 그와 같은 일련의 합의는 전체적으로 1개의 부당공동행위로 봄이 상당하다」고 밝히고 있다.[30]

위와 같은 부당공동행위의 종료일 내지 기본합의에 관한 공정거래위원회의 실무나 행정소송 판례는 대체로 검찰의 실무에도 적용될 수 있다. 앞서 설명한 바와 같이, 카르텔의 단위는 원칙적으로 합의 내지 공모 단위별로 판단하기 때문에 기본적 합의가 존재하는 경우에는 관련 행위들을 위 합의에 포섭시켜 죄수와 종기를 판단할 수 있다. 또한, 기본적 합의는 형법상 포괄일죄를 판단할 때에도 중요한 요소로 작용할 수 있다. 위에서 소개한 행정소송 판결도 포괄일죄의 법리와 유사한 측면이 많다. 다만, 기본적 합의와 포괄일죄의 적용이 반드시 등가관계는 아니다. 공정거래위원회의 실무자나 관련 행정절차에 특화된 변호사의 경우 검찰 단계에서도 기본적 합의에만 집중하여 공소시효 등을 다투는 사례가 많다. 하지만, 검찰에서는 기본적 합의가 인정되지 않더라도 포괄일죄 법리에 기해서 범행의 종기나 공소시효가 연장될 수 있음을 유념해야 한다. 예컨대, '자동차 해상운송 국제카르텔' 사건 등에서 검찰은 공정거래위원회의 기본적 합의 주장을 배척하는 대신 포괄일죄 법리에 기해 공소시효를 연장하여 기소 범위를 확장하고, 법원에서도 유죄가 선고된 사례들이 있다.[31]

30) 대법원 2006. 3. 24. 선고 2004두11275 판결; 대법원 2010. 3. 11. 선고 2008두15176 판결 등.

31) 검찰의 국제카르텔 형사집행 사례에 대해서는 JSK, 104−136면 참조.

제 3 장

형사집행과 행정집행[1)]

제1절 형사집행과 행정집행의 구분

현행법상 카르텔에 대해서는 검찰의 형사집행과 공정거래위원회의 행정집행이 병존하고 있다.[2)] 형법, 건설산업기본법, 공정거래법상 형사처벌 규정에 대해서는 검찰에게, 공정거래법상 행정제재 규정에 대해서는 공정거래위원회에게 각각 법집행 권한이 부여되어 있다. 형사집행은 벌금·징역형 등 형사처벌과 관련된 법집행으로서 검찰의 수사와 기소, 형사재판 등의 절차를 거치게 된다. 행

1) JSK, 35–48, 87–105, 137–173면; JSK, Criminal Enforcement of International Cartel in Korea (2019, IBA week in Korea)에서 발췌 및 요약.

2) 카르텔에 대해서는 형사집행과 행정집행 외에 손해배상 등 민사집행도 가능하다. 특히, 검사는 국가(정부)를 대표하는 법률가로서 각종 송무와 민사집행도 관여하나, 본서에서는 형사집행에 초점을 맞추기로 한다.

정집행은 과징금 등 행정제재와 관련된 법집행으로서 공정거래위원회의 행정조사와 행정처분, 행정소송 등의 절차를 거치게 된다. 형사처벌을 하기 위해서는 검찰의 기소뿐만 아니라 법원의 유죄판결 확정이 필요하나, 행정제재는 일응 행정청의 고권적 처분에 의해서 발동될 수 있으며 피처분인이 불복절차인 행정소송을 제기하면 법원에서 그 처분의 취소 여부를 판단하게 된다.[3)]

공정거래위원회는 행정처분을 하기 전에 조사 절차를 거치는데, 그 법적 성격은 원칙적으로 피조사자의 자발적 협력이 있어야 가능한 '임의조사' 내지 '행정조사'이다. 정당한 사유 없이 공정거래위원회의 조사에 응하지 않을 경우 과태료 등의 제재를 받을 수 있으나, 이는 간접적으로 조사에 응하도록 독려하는 수단에 불과하다. 강제조사란 당사자의 의사에 반하여서도 즉시 집행할 수 있음이 본질인바, 위와 같은 사후적이고 간접적인 제재만으로 강제조사와 동일시할 수 없다. 학계나 실무계에서도 공정거래위원회의 조사권에는 압수수색·체포구속 등 직접적인 강제조사권은 배제되고, 만약 위 조사가 강제수사처럼 이루어지면 조사권의 한계를 일탈하여 위법하다는 것이 일반적인 견해이다.[4)]

검찰에서도 범죄 혐의 유무 내지 기소 여부를 판단하기 위해서 일정한 조사 절차를 거치는데, 이를 일반적으로 '수사'라고 한다. 검사는 당사자의 의사에 반하여서도 압수수색·체포구속 등 강제적인 수사를 할 수 있다는 점에서 검찰의 수사와 공정거래위원회의 행정조사는 큰 차이가 있다. 다만, 강제수사를 하기 위해서는 반드시 검사가 법원에 영장을 청구하여 발부받아야 한다. 이처

3) 이러한 점에서 형사집행은 국가기관의 고권적 처분 중 사법(司法)적 성격과 기능이 가장 강하고, 절차적 권리의 보장도 가장 철저하게 이루어질 수 있다.

4) 안태준, 공정거래법상 조사방해행위에 대한 연구, 법조 (2012), 243－244면; 권오승/서정, 공정거래법 (2017), 659면 등.

럼 검찰에서는 수사 단계에서도 법원의 검증을 거침으로써 강력한 강제력을 보유하면서도 사건 관계인의 절차적인 권리를 철저히 보장할 수 있다. 만약, 공정거래위원회에서 강제조사나 형사처벌이 필요하다고 판단할 경우에는 검찰에 당해 기업이나 개인을 고발해야 한다.

제2절 전속고발제의 본질

서로 다른 국가기관이 카르텔에 대해서 중첩적으로 법집행 권한을 가지고 독자적으로 조사와 처분을 할 경우 법집행 간의 정합성 결여나 이중제재에 대한 우려가 생길 수 있다. 민사집행, 형사집행, 행정집행은 각각 법적 성격이 다르기 때문에 중첩적으로 이루어진다고 하더라도 위법하지 않다는 것이 우리나라를 비롯한 여러 국가의 입장으로 보인다. 하지만, 불법행위의 성격과 경중에 따라 응보, 예방, 회복에 최적화된 법집행 수단을 적합한 범위에서 활용하는 것이 바람직하다는 점에는 이견이 없을 것이다. 특히, 공정거래 분야의 법집행은 국가경제에 상당한 영향을 미칠 수 있기 때문에 엄정하면서도 합리적인 범위에서 정합성을 가지고 이루어져야 한다. 공정거래법 제정 당시에도 이러한 고민 아래 이른바 '전속고발제'에 관한 규정을 두었다.

전속고발제란 검찰의 기소 전에 공정거래위원회의 고발을 받는 것을 의미한다. 이는 기업활동에 부담이 될 수 있는 공정거래 형사집행에 있어서 검찰이 공정거래위원회의 전문성과 의견을 고려할 수 있도록 한 것이다. 하지만, 형사집행의 대상이 되는 경성카르텔에 있어서는 경제분석 등 공정거래위원회의 전문성이 거의 필요 없고, 오히려 전속고발제를 매개로 공정거래위원회가 공소시효를 도과하거나 공소시효 만기에 임박하여 검찰에 고발하는 부작용이 심화되어 왔다. 이러한 이유 때문에 전속고발제 폐지에 관한 논의가 장기간 계속되어 왔으며, 최근에는 전속고발제 폐지가 대통령 공약 내지 국정과제 차원에서 추진된 결과 공정거래위원회와 법무부가 카르텔에 관한 전속고발제를 우선 폐지하기로 합의하여 공정거래법 개정안을 국회에 수차례 제출하기도 하였다.

전속고발제와 관련된 가장 큰 오해는 공정거래위원회의 고발을 형사집행의 '전제조건'으로 생각하는 것이다. 공정거래위원회의 고발은 검찰의 '기소'를 위해서 갖추어야 할 요건이지 수사 등 형사집행 절차를 개시하기 위한 조건이 아니다.[5] 우리나라 전속고발제의 주요 참고 사례가 된 일본에서도 「공정취인위원회가 범칙조사를 하는 것과 병행 내지 합동으로 검찰이 조사를 하는 것도 인정되며, 전속고발제가 있는 경우이더라도 고발 전부터 검찰이 수사를 해도 좋다는 것은 종전부터 일반적으로 인정되고 있다」는 것이 학계와 법원의 태도이다.[6] 우리나라 역시 법제도상으로나 실무상으로, 검찰이 공정거래위원회와 무관하게 수사하는 것도 얼마든지 가능하고, 실제로 그런 사건들이 점점 증가하고 있다. 더욱이, 공정거래법상 검찰총장이 공정거래위원회에 고발을 요청하면 공정거래위원장은 검찰에 고발을 해야 할 법률상 의무가 있기 때문에

---

5) 대법원도 전속고발제와 관련하여 「친고죄나 세무공무원 등의 고발이 있어야 논할 수 있는 죄에 있어서 고소 또는 고발은 이른바 소추조건에 불과하고 당해 범죄의 성립 요건이나 수사의 조건은 아니므로, 위와 같은 범죄에 관하여 고소나 고발이 있기 전에 수사를 하였다고 하더라도, 그 수사가 장차 고소나 고발이 있을 가능성이 없는 상태하에서 행해졌다는 등의 특단의 사정이 없는 한, 고소나 고발이 있기 전에 수사를 하였다는 이유만으로 그 수사가 위법하다고 볼 수는 없다」고 판시하고 있다. 대법원 1995. 2. 24. 선고 94도252 판결 등.

6) 白石忠志, 獨占禁止法講義 (2014), 238頁; 한도율 교수 질의회신 (2018).

제도상으로는 기소 단계에서도 전속고발제가 장애가 되지 않는다. 요컨대, 전속고발제의 실질적인 의미는 형사집행이 신중하게 이루어질 수 있도록 공정거래위원회의 의사를 확인하는 절차 정도로 이해하는 것이 제도와 현실에 더 부합하는 것이라고 할 수 있다.

전속고발제와 관련된 또 하나의 핵심은 고발 여부가 공정거래위원회의 자유재량이 아니라는 것이다. 공정거래법상 공정거래위원회는 중대한 사안은 반드시 검찰에 고발해야 할 법률상 의무가 있다. 공정거래법은 카르텔 외에도 시장지배적지위남용 등 다양한 불법행위를 규제하고 있으나, 이 중 카르텔이 사안의 중대성과 불법성이 일반적으로 가장 크다는 점에는 국내외에서 상당한 공감대가 이루어져 있다. 따라서, 카르텔과 관련하여 공정거래위원회의 재량은 상당히 축소될 수밖에 없고, 입찰담합 등 중대 카르텔 범죄에 대해서는 원칙적으로 모두 검찰에 고발이 이루어져야 할 것이다.[7)]

마지막으로 현행 전속고발제와 관련하여 특기할 점은 공정거래법상 공정거래위원회가 반드시 검찰총장에게만 고발하도록 한 것이다. 전속고발제가 공정거래 사건의 형사집행, 특히 기소와 관련된 절차이기 때문에 기소권자인 검사를 대표하는 검찰총장에게 고발하도록 한 것은 당연한 귀결이다.[8)] 같은 맥락에서, 다음 장에서 소개할 형사리니언시의 주체는 당연히 검사일 수밖에 없다. 헌법과 형사소송법상 기소권이 검사에게 있기 때문에 형사면책도 검사만 할 수 있기 때문이다. 이처럼 공정거래 사건의 고발 상대 및 형사리니언시의 주체를 검찰에 집중시킨 것은 신속하고 효율적인 수사를 통

7) 일본 독점금지법은 사안의 중대성에 대한 언급 없이 공정취인위원회가 범죄가 있다고 사료하는 때에는 검사총장에게 고발해야 한다는 원칙을 규정함으로써 공정취인위원회의 재량을 축소하고 고발 대상을 넓히고 있다.

8) 일본 독점금지법도 공정취인위원회는 검사총장에게 고발하도록 규정하고 있다.

해서 중대 공정거래사범을 엄단하는 한편, 수사로 인한 기업의 부담을 경감시키고자 하는 취지가 녹아있는 것으로 보인다.[9)]

referral system vs. complaint system

우리나라의 전속고발제는 국제사회에서 흔히 'referral system'으로 번역되어 소개되고 있다. 하지만 이 표현은 다소 오해의 소지가 있다. 왜냐하면, 제도적으로 검찰이 오직 공정거래위원회로부터 사건을 넘겨받아서만 수사나 기소를 할 수 있다는 어감(nuance)을 풍기기 때문이다. 물론, 검찰이 공정거래위원회로부터 고발을 통해서 사건을 넘겨받아 수사하는 경우도 많지만, 앞서 설명한 바와 같이 검찰이 공정거래위원회와 무관하게 수사하는 것도 얼마든지 가능하며 실제로 그런 사건들이 점점 증가하고 있다. 따라서, 외국에 전속고발제를 소개할 때에도 공정거래위원회의 의사를 확인하는 일종의 'complaint system'이라는 표현이 보다 적절해 보인다. 나아가, 전속고발제의 실질을 국내외에 설명할 때에도 검찰의 형사집행에 있어서 공정거래위원회의 고발 절차가 제도적으로나 실무적으로 필수적인 전제조건 내지 장애가 되지 않는다는 점과 형사리니언시의 주체가 검사인 점을 정확히 알리는 것이 바람직하다.

9) 공정거래위원회의 처분에 대해서는 예외적으로 2심제를 취하고 있는데, 이는 공정거래위원회의 전문성과 심판기능을 통해서 소송경제를 꾀하려는 의도로 보인다. 전속고발의 상대를 경찰이 아닌 검찰로 국한한 것도 준사법적 기능을 겸유하고 있는 검찰의 전문성을 통해서 수사의 총량을 줄이고 형사절차의 부담을 경감시키려는 취지로 선해할 수 있다.

제 4 장

형사리니언시와 가이드라인[1]

제1절 형사리니언시의 의의

카르텔은 주로 소수의 기업이 은밀히 행하므로 사법경쟁당국이 탐지하기 어려운 특성이 있다. 이러한 한계를 극복하기 위해서 만들어진 것이 바로 리니언시 프로그램(Leniency Program)이다. 이는 카르텔에 참여한 기업이나 개인이 사법경쟁당국에 카르텔 관련 정보 내지 증거를 제공하는 방법 등으로 협조하고 제재를 감면받는 제도를 말한다. 리니언시제도는 1978년에 미국 연방검찰(DOJ)이 최초로 도입한 이래 그 실효성이 확인되면서 여러 나라로 확산되고 있다.

리니언시제도가 성공적으로 작동하기 위해서는 몇 가지 전제

1) JSK, 44－63, 174－221면에서 발췌 및 보완.

조건이 필요하다. 첫째로 적발과 제재의 리스크가 높아야 하고, 둘째로 제재가 무거워야 하며, 셋째로 투명성과 확실성이 담보되어야 한다.[2)]

먼저, 사법경쟁당국들은 카르텔 조사 활동과 권한 행사에 적극적으로 나서야 한다. 이는 카르텔 참가 기업들에게 '리니언시 신청을 하지 않을 경우 실제로 적발될 위험성이 크고 제재가 확실히 이루어진다'는 것을 인식시키기 위함이다. 예컨대, 미국 연방검찰이 카르텔 법집행 분야에서 앞서나가는 이유는 비단 법정형이 높은 것뿐만 아니라 실제로 적극적으로 법집행을 하기 때문이다. 미국에서는 전형적인 가격·물품 카르텔 외에도, 하이테크 글로벌기업 간 고용 경쟁 회피 등 인사 분야의 담합에 대해서까지 각종 제재가 이루어지고 있다. 반면, 국내 학계에서는 전속고발제와 관련하여 「자진신고를 하지 않은 카르텔 가담자에 대해 형사적 제재 조치가 실제로 취해지지 않는다면 고발면제 규정은 자진신고를 유인하는 효과를 상실하게 된다」는 우려의 목소리가 크다. 요컨대, 적극적인 법집행만이 카르텔 참가가들이 리니언시 관문을 먼저 통과하기 위한 경주를 벌이도록 유도할 수 있다는 것을 명심해야 한다.[3)]

다음으로, 카르텔 참여로 얻을 수 있는 이익보다 적발시 부과될 제재가 커야 한다. 기업의 본질은 이윤 추구를 위한 존재이기 때문에 사법경쟁당국의 제재조차 비용편익분석(cost-benefit analysis) 측면에서 접근할 수 있다. 만약, 제재가 적정한 수준에 이르지 못한다면, 그만큼 자발적 신고로 인한 혜택이 감쇄하는 것을 의미하

2) ICN, Anti Cartel Enforcement Manual (2014), pp. 5-6.

3) DOJ, U.S. v. Adobe systems, Inc., Apple Inc., Google Inc., Intel Corporation, Intuit, Inc., and Pixar (2010); 김남우, 부당한 공동행위의 집행 분야 확대, 법학연구 (2013), 126-131면; 심재한, 경쟁법상 부당이득환수, 경쟁법연구 (2011), 380면.

기 때문에 리니언시제도를 이용할 유인이 줄어들게 된다. 따라서, '형사제재를 강화할 경우 리니언시 신청이 줄어들 것'이라고 주장하는 것은 상식과 직관에 반하는 것이다. 이는 형사처벌을 받을까봐 두려워 자진신고를 꺼리게 될 것이라는 일차원적 논리에 근거한 주장으로서 리니언시제도의 태생과 원리를 제대로 이해하지 못하고 있는 것이다. 원래 리니언시제도는 형사사법기관인 미국 연방검찰에서 최초로 고안한 것으로서 형사집행을 염두에 두고 탄생한 것이다. 또한, 리니언시제도의 작동 원리는 당근과 채찍(Carrot & Stick)을 매개로 한 죄수의 딜레마(Prisoner's Dilemma)에 뿌리를 두고 있다. 적발로 인한 불이익의 위협이 커질수록 자수로 인한 혜택도 커지고, 리니언시를 향한 경주는 활발해질 수밖에 없다.

마지막으로, 사법경쟁당국들은 리니언시 신청인이 관련 절차와 결과에 대해서 확신을 가질 수 있도록 해야 한다. 1950년대부터 형법상 자수자 형벌감면제도가 있었고 최근에는 공익신고자보호법까지 시행되었으나, 지금까지 자수나 공익신고가 활발히 이용되지 않는 가장 큰 이유는 예측가능성과 투명성이 부족하기 때문이다. 즉, 자수자나 공익신고자가 '확실하게 면책을 받을 수 있는지, 절차 진행 과정에서 보호나 보상을 제대로 받을 수 있는지' 등에 대한 구체적인 기준이 없어서 검찰이나 국민권익위원회의 재량에 의존하는 것이 근본적인 문제이다. 요컨대, 리니언시제도를 운영하는 국가기관의 재량을 축소하고 예측가능성과 투명성을 담보할 수 있는 구체적인 기준을 공표하고 실행하는 것이 반드시 필요하다.[4)]

현재 우리나라 공정거래법과 하위 규정은 몇 차례 개정을 거

4) ICN, Guidance on Enhancing Cross−Border Leniency Cooperation (2020); Scott D. Hammond, Cornerstones of an Effective Leniency Program (2004).

치면서 공정거래위원회가 제1순위자에 대해서는 행정제재와 형사고발을 면제하고, 제2순위자에 대해서는 행정제재를 감경함과 동시에 형사고발도 면제하는 형태를 취하고 있다. 그리고, 전속고발제를 매개로 하여 공정거래위원회가 형사고발을 면제함으로써 그 부수적인 효과로 형벌이 면책되는 구조를 취하고 있다. 현행 실무상 공정거래위원회에서 행정리니언시를 부여한 기업에 대해서 검찰이 기소권이나 고발요청권을 행사한 사례가 없으나, 이는 검찰에서 양 기관의 법집행 간 정합성과 공정거래위원회의 의사를 중시한 결과일 뿐이며, 공정거래위원회에 형사리니언시에 대한 권한이 있는 것은 아니다. 따라서, 행정기관인 공정거래위원회의 자진신고제는 행정리니언시이며, 형사리니언시의 권원은 전속고발제와 무관하게 형사소추기관인 검찰에 귀속되어 있는 것이다. 특히, 카르텔에 대한 자발적 신고는 공정거래위원회에 대한 자진신고뿐만 아니라 검찰이나 국민권익위원회에 대한 '자수'나 '공익신고' 형태로도 이루어질 수 있다. 따라서, 전속고발제 폐지 여부와 무관하게 검찰은 자체적인 형사리니언시를 운용하고 판단해야 한다. 이를 위한 가장 중요한 과제는 구체적이고 명확한 기준을 만들어 검사 개개인의 재량을 최대한 축소하고, 이러한 기준을 국내외 기업, 로펌, 사법 경쟁당국에 널리 알리고 준수함으로써 예측가능성과 투명성을 높이는 것이다. 이번 가이드라인 제정은 그 초석이라고 할 수 있다.

제2절 가이드라인의 특징

가이드라인은 공정거래위원회의 자진신고제도와 유사하나, 몇 가지 중요한 특성을 가지고 있다.

먼저, 공정거래위원회는 개인리니언시에 대해서 소극적인 입장으로 보이나, 검찰은 가이드라인에서 미국 연방검찰과 마찬가지로 개인리니언시도 적극적으로 인정하고 있다.[5] 따라서, 검찰의 형사리니언시는 공정거래위원회의 자진신고제보다 폭넓은 면책을 보장한다고 볼 수 있다. 개인리니언시를 논하기 위해서는 우선 개인처벌의 당부에 대해서 살펴볼 필요가 있다. 기업 외에 카르텔을 실행한 임직원 개인에 대한 처벌의 필요성 내지 당위성에 대해서는 찬성론과 반대론이 모두 존재한다. 비교법적으로도 미국 연방검찰은 개인처벌에 대한 입법과 집행을 강조하는 반면, EC나 그 회원국들은 개인처벌 규정이 없거나 형사집행에 소극적인 편이다. 개인처벌을 반대하는 입장에서는 「회사에 대한 금전적, 행정적 제재만으로도 억제효과가 있으며, 임직원에 대해서는 회사나 주주의 해임 요구나 손해배상청구로 충분한 제재가 가능하다」고 주장한다.[6] 하지만, 우리나라에서는 공정거래위원회의 카르텔 행정소송 패소율(금액)이 높고, 대기업집단의 지배주주나 대표이사에 대한 회사나 주주의 견제장치가 제대로 작동되고 있다고 보기도 어렵기 때문에 유럽 등의 사례를 그대로 원용하여 개인처벌을 부정하는 견해에는 찬성하기 어렵다. 무엇보다, 우리나라에서는 이미 카르텔과 관련하여 기업뿐만 아니라 개인에 대해서도 형사처벌이 이루어지고 있기 때문에 개인의 처벌 가능성에 관해서는 이견이 있을 수 없다. 그럼에도 불구하고, 기업과 달리 개인에 대해서 리니언시를 인정하지 않는 것은 형평에 맞지 않다. 또한, 리니언시제도의 활성화를 위해서도 개인리니언시는 인정되는 것이 바람직할 것이다.

---

5) 2018. 12. 3. 서울대학교 경쟁법센터에서 열린 법·정책 세미나에서 공정거래위원회 김재신 경쟁정책국장은 개인리니언시에 대한 소극적 의견을 밝힌 바 있다.

6) 개인처벌과 관련된 국내외 동향에 대해서는 이세인, 국제카르텔 제재에 있어서 개인처벌 규정의 필요성 여부, 경희법학 (2017), 93－95면.

가이드라인이 가지는 또 하나의 중요한 특징은 형사리니언시 신청인을 보호하기 위한 각종 수사절차에 대해서도 구체적으로 규정하고 있다는 것이다. 예컨대, 카르텔 수사 과정에서 카르텔과 무관한 별건수사를 원칙적으로 금지하는 한편, 여죄수사도 가급적 자제할 수 있도록 형사리니언시 신청인에 대한 강제수사를 제한하고 있다. 그동안 기업 입장에서 형사리니언시 신청을 꺼리게 된 이유는 크게 두 가지였다. 하나는 형벌감면에 대한 예측가능성이 낮다는 것인데, 이는 검사의 재량을 축소하고 형벌감면을 보장한 가이드라인의 제정으로 해결되었다고 할 것이다. 다른 하나는 카르텔 조사 과정에서 다른 범죄로까지 수사가 확대되는 것이다. 검찰 실무상 수사가 확대되는 가장 흔한 계기는 압수수색 등 강제수사 과정에서 여죄가 드러나는 경우이다. 그래서, 검찰 수사와 관련하여 기업이 가장 부담스러워하는 것은 강제수사이며, 카르텔에 대한 법정형이 높지 않은 상황에서 형사리니언시 신청을 주저하게 하는 결정적인 원인은 바로 여기에 있다. 이러한 점을 고려하여, 가이드라인에서는 형사리니언시 신청인에 대한 강제수사 제한을 통해 수사 확대 가능성을 원천적으로 배제함으로써 기업의 법적 리스크(legal risk)를 낮추고 형사리니언시의 유인을 대폭 향상시킨 것이다.

마지막으로, 가이드라인과 관련하여 가장 많이 제기되는 의문 중 하나는 전속고발제를 폐지하는 공정거래법 개정이 이루어지기 전에도 형사리니언시제도를 시행할 수 있는지 여부이다. 기술한 바와 같이, 형사리니언시와 관련된 권한들은 전속고발제 폐지와 무관하게 검찰에 귀속될 수밖에 없다. 헌법과 형사소송법상 강제수사를 위한 영장청구권과 기소권은 검사에게 있기 때문이다. 나아가, 형사리니언시 내지 가이드라인의 구체적인 법률상 근거는 형법상 자수자와 공익신고자보호법상 공익신고자에 대한 책임감면 규정 등에 분명히 존재한다. 무엇보다, 형사리니언시와 가이드라인은 추상적인 제도 개선 이전에 지극히 '실재(實在)적'인 문제이다. 전속고발제 아래에서도 검찰의 독자적인 수사가 가능하고 실제로 그러한 사건이 증가함에 따라 공정거래위원회보다 검찰에 먼저 자수 내지 공익신고의 형식으로 카르텔을 자발적으로 신고하는 사례도 많아지고 있다. 공정거래위원회에 먼저 자진신고하여 행정리니언시를 부여받을 경우 검찰에서는 공정거래위원회에서 고발을 면제하려는 의사를 존중하여 고발요청권이나 기소권 행사를 자제해 왔으며, 그 결과 행정리니언시 대상자는 형사적으로도 책임이 면제되어 왔다. 그런데, 검찰에 먼저 자발적으로 신고한 경우 책임감면이 이루어지지 않는다면, 이는 행정집행과 형사집행 간 정합성을 해칠 뿐만 아니라 자진신고를 위축시킬 우려마저 있다. 따라서, 공정거래위원회든 검찰이든 어느 쪽에 자발적인 신고를 하더라도 관할 기관으로부터 면책을 신속히 보장받는 것이 바람직하다. 요컨대, 형사리니언시 가이드라인은 현행법상 가능할 뿐만 아니라 현실에서 발생하는 문제 상황을 해결하기 위해서 반드시 필요한 것이다.

형사리니언시와 플리바게닝 등 비교

우리나라에서는 아직까지 플리바게닝제도를 전면적으로 도입하고 있지 않다. 혹시 가이드라인의 시행이 사실상 플리바게닝이 도입되는 것과 마찬가지라거나, 공정거래위원회의 리니언시제도와 충돌될 수 있다는 오해가 있을 수 있다. 하지만, 플리바게닝은 검찰의 독자적인 수사가 개시된 이후 검사가 주도하여 피의자와 유죄인정 협상을 하는 것인 반면, 자수는 리니언시와 마찬가지로 검찰이 혐의를 인지하지 못하거나 증거를 확보하지 못한 상태에서 자수자가 선제적이고 자발적으로 신고를 하는 것이기 때문에 법적 성격이 전혀 다르다. 무엇보다, 검찰에 대한 자수는 형법이나 공익신고자보호법에 근거한 것이기 때문에 이를 제한할 수 없다. 공정거래위원회의 자진신고와 검찰의 자수 간 정합성은 양 기관의 정보공유와 협업을 통해서 해결해야 할 문제이지 적법한 자수나 공익신고를 제한하려는 초법적 발상으로는 해결할 수 없다. 공정거래위원회에 적법한 자진신고를 할 경우에는 고발면제를 통해 형사면책될 가능성이 높은데, 검찰에 먼저 자수할 경우에는 형사면책이 보장되지 않는다면, 오히려 양 기관의 법집행 간 모순이 생길 수 있다. 따라서, 가이드라인의 시행을 통해 검찰에 자수한 경우에도 형사상 책임감면을 신속히 보장하는 것이 행정집행과 형사집행의 정합성 보장을 위해서 바람직하다.

제 5 장

국제카르텔과 국제협력[1)]

제1절 국제카르텔의 특성

카르텔 법집행 과정에서 가장 난이도가 높고 많은 고민이 필요한 대상 중 하나가 국제카르텔이다. 국제카르텔이란 '국경을 초월한 국제거래에서 복수의 국가 관할이 미치는 기업들이 경쟁을 회피하기 위하여 결성한 카르텔'을 말한다. 실증적인 경제분석에 의하면, 국제카르텔로 인한 초과가격(overcharge) 등 사회적 손실은 국내카르텔에 비해서 훨씬 심각한 것으로 나타나고 있다. 또한, 경제협력개발기구(OECD)나 세계은행(World Bank)의 발표에 의하면, 국제카르텔은 개발도상국의 수입과 국내 생산에도 상당한 부

1) JSK, 9-34, 239-245면; JSK, 국제카르텔 역외 형사집행 방법론에 대한 소고-형사사법공조, 범죄인인도를 중심으로, 통상법률 (2019), 261-303면에서 발췌 및 보완.

정적 영향을 미치고 있다. 특히, 우리나라는 대외무역에 절대적으로 의존하고 있어서 국제카르텔로 인한 피해에 노출될 우려가 높기 때문에 이에 대한 엄정한 법집행이 필요하다.[2]

국제카르텔은 주로 복수의 국가에 걸쳐 일어나기 때문에 여러 나라의 사법경쟁당국이 중첩적으로 법집행 대상으로 삼고자 할 수 있다. 그런데, 국제카르텔 관련 기업의 국적지나 범죄지는 외국일 때가 많아서 국내법의 역외적용(域外適用) 이슈가 발생하게 된다. 경쟁법이나 형사법의 역외적용을 통해서 국제카르텔을 제재할 것인지에 대해서는 찬반 양론이 있어왔다. 반대측에서는 속지주의에서 벗어나 이중처벌이 이루어질 우려를 제기해 왔고, 찬성측에서는 자국 시장과 소비자를 보호할 필요성을 강조해 왔다. 최근에는 국제카르텔로 인한 폐해의 심각성 및 규제 필요성에 대해서 세계적으로 공감대가 확산되면서 국내외 입법과 판례 등을 통해 국제카르텔에 대한 국내법의 역외적용이 제도적으로나 실무적으로 정착되어 가고 있다.[3]

역외적용의 이론적 논거로는 여러 가지가 있으나, 자국 시장에 영향을 미치는 한 국내법도 외국 기업의 불법행위에 대해서 적용될 수 있다는 이른바 '효과(영향)이론'이 대표적이며, 우리나라를 비롯한 여러 나라의 입법과 판례에서 이를 반영하고 있다.[4] 둘 이

2) Corwin Edwards, International Cartels as Obstacles to International Trade, The American Economic Review (1944); OECD Reports, Hard Core Cartels (2000); Margaret Levenstein/Valerie Suslow, Private International Cartels and Their Effect on Developing Countries, Antitrust Law Journal (2004) 등.

3) 신현윤, 현행 독점규제법의 역외적용, 연세법학연구 (1992), 525－526면; 이봉의, 독점규제법의 역외적용, 경쟁법연구 (1992), 76－79면; 김원기, 국제카르텔과 독점규제법, 기업법연구 (2005), 20－30면.

4) 최수정, 경쟁법 역외적용의 세계적 확산과 산업정책적 의의에 관한 연구, 서울대학교 석사학위논문 (2013), 8－13면.

상의 사법경쟁당국이 중첩적으로 법집행을 할 경우 '이중처벌' 내지 '과잉집행'이 아닌지 의문이 제기될 수 있으나, 피해국들이 각자 자국 시장을 기준으로 실제 손해가 발생한 만큼 제재를 한다면 반드시 이중처벌이라고 볼 필요는 없을 것이다. OECD 등 국제사회에서도 각국의 법집행은 고유한 주권의 행사이기 때문에 기업뿐만 아니라 심지어 개인에 대해서까지 복수의 국가가 기소하더라도 이중처벌은 아니라고 보고 있다.[5] 오히려, 이중처벌금지를 내세워 각 피해국의 역외 적용을 무조건 제한하게 된다면, 피해국의 주권침해, 과소집행, 제재공백 등이 문제될 수 있다. 특히, 자국 관할 내에서 외국에 대한 경쟁제한행위를 금지하지 않는 '과소집행'은 과잉집행 못지않은 외교통상 마찰을 불러일으킬 수도 있다는 점을 간과해서는 안 된다.[6] 다만, 역외적용의 일방적이고 무분별한 확산은 국가 간 분쟁을 야기하여 궁극적으로는 자국의 이익에도 부정적일 수 있다는 점 또한 주의해야 할 것이다.[7]

국제카르텔의 주체는 대체로 거대 다국적 기업으로서 관련국의 시장경제에서 상당한 비중을 차지하는 경우가 많기 때문에, 국제카르텔에 대한 제재는 단순히 특정 사기업에 대한 일국의 공권력 행사에 머물지 않고, 관련국 사이의 정치적 마찰이나 외교통상 분쟁으로 비화될 가능성을 배제할 수 없다. 따라서, 국제카르텔 법집행 과정에서는 '적법절차'(due process)를 철저히 준수해야 한

5) OECD, Policy Roundtables, Cartel Sanctions against Individuals (2003).

6) 우리나라처럼 대외무역에 대한 의존도가 높은 국가에서는 국제카르텔에 대한 과소집행이 국익에 더욱 부정적인 영향을 줄 수 있다. 더욱이, 형사사법공조와 범죄인인도가 확대되는 추세에 비추어볼 때 과소집행은 결국 자국 기업이나 국민 보호에 오히려 불리할 수 있다.

7) 예컨대, 사법경쟁당국이 자국 피해가 아니라 전 세계 매출액을 기준으로 과징금을 부과하거나, 자국에 대한 직접적인 범죄를 특정하지 않고 국제카르텔 전반에 대하여 징역형이나 벌금형을 부과할 경우 과잉집행이 문제될 수 있다.

다.[8] 국가기관의 고권적 처분에 있어서 방어권 등 절차적 권리의 보장은 국제통상·투자의 주요 원칙인 '공정·공평대우'(fair and equitable treatment)와도 밀접한 관련이 있다. 적법절차에 대해서는 헌법, 형사소송법 등 국내법에도 관련 규정이 있으나, 외국 기업에 대한 적법절차 보장은 국내법 준수만으로는 부족하므로 자유무역협정(FTA), 양자투자협정(BIT) 등 국제규범 차원에서도 살펴보아야 한다.

검찰의 국제카르텔 형사집행 역사는 길지 않으나, 위와 같은 국제카르텔의 특성을 고려하면서 엄정히 법집행에 임해 왔다. 2015년 일본 대기업들의 소형베어링 가격담합 사건을 시초로 하여 2019년까지 총 4건의 국제카르텔을 수사하여 기소하였으며, 모두 유죄가 선고되었다. 국제카르텔 형사집행 사례들이 갖는 의미는 크게 두 가지이다. 한국 검찰이 적법절차를 철저히 준수하면서 국내외 기업을 차별하지 않고 엄정히 형사집행에 임하고 있다는 것과 그 과정에서 외국 사법경쟁당국들과 실질적인 협력과 신뢰관계를 강화하고 있다는 것이다.[9]

제2절 국제협력의 수단

국제카르텔에 대한 실효적인 형사집행을 위해서는 국내외 '사법당국' 간 긴밀한 협력이 필수적이다.[10] 형사집행의 기본 전제는

---

8) 실제로 국제카르텔 사안은 아니나, 퀄컴에 대한 공정거래위원회의 행정제재가 한·미 FTA상 반대신문권 보장 등이 문제되어 양국 간 통상 분쟁의 주요 이슈로 부각된 사례가 있다.

9) 위 국제카르텔 사건들은 모두 서울중앙지방검찰청 공정거래부에서 필자가 부장검사 등으로 재직하면서 처리했던 것으로서 구체적인 내용과 함의에 대해서는 JSK, 104－136면 참조.

10) 공정거래위원회를 비롯한 국내외 경쟁당국들은 양해각서(MOU) 체결 등을 통해 국

'증거와 신병의 확보'인데, 국제카르텔의 경우 증거물과 관계인이 국외에 산재되어 있는 경우가 많기 때문이다. 형사사법공조나 범죄인인도는 국제조약과 국내법을 통해서 당사국에 법적 의무를 부과할 수 있고, 그 이행을 위해서 압수수색·체포구속 등 강제수사력까지 동원할 수 있어서 가장 효과적인 국제공조 수단이다.[11)]

형사사법공조란 「외국 형사사건의 수사, 재판 등에 필요한 증언, 진술, 물건 등 증거가 자국에 있는 경우 외국의 요청에 따라 외국 사법당국을 대신하여 이들 증거를 취득하여 해당 외국에 제공하는 형사 분야에서의 국가 간 협력」을 말하며, 범죄인인도란 「조약, 상호주의, 예양, 또는 국내법에 기초하여 자국에 소재하는 타국에 대한 범죄인을 당해 국가의 요청에 따라 수사, 재판, 형집행 등 형사절차가 진행될 수 있도록 범죄인의 신병을 위 국가에 인도하는 절차」를 말한다.[12)]

형사사법공조나 범죄인인도는 전통적으로 대량학살이나 마약·조직범죄 등에 대해서 이루어져 왔으며, 경제범죄에 있어서는 당사국들의 경제적 이해관계가 상반되거나 '쌍방가벌성'(double criminality) 등의 요건이 충족되기 어려워서 활용된 선례가 많지 않았다. 하지만, 최근에는 쌍방가벌주의가 국가간 불신에 기반한 고전적 이론에 불과하다는 비판과 함께 신종 경제범죄에 실효적으로 대응하기 위해서는 위 요건을 완화해야 한다는 주장이 강력하다.[13)] 특히,

---

제협력을 도모하고 있으나, MOU에 법적 구속력을 인정하기 어렵고 기관의 본질이 행정당국이기 때문에 강제수사와 같은 실효적 수단을 활용할 수 없는 한계가 있다.

11) ICN, Guidance on Enhancing Cross-Border Leniency Cooperation (2020), pp. 13-14.

12) 법무부, 형사사법공조 실무 (2013), 3면; 법무부, 범죄인인도 실무 (2014), 3면.

13) 백진현/조균석, 국제형사사법공조에 관한 연구 (2013), 20면; 문채규, 국제형사사법공조의 주요형식, 비교형사법연구 (2005), 94면; 임한택, 범죄인인도, 21세기현대국제법질서 (2001), 272-273면; 유형석, 범죄인인도와 인권보호, 법학연구 (2007),

카르텔에 대해서는 전 세계적으로 그 악성과 대응에 대해서 '국제적 수렴현상'이 강하기 때문에 다른 경제범죄에 비해서 형사사법공조 등의 활용 전망이 매우 밝다고 할 수 있다. 다만, 국제사회를 움직이는 기본적인 물리법칙은 '호혜평등'이므로 실제 사건들을 통한 사법당국 간 공조 경험과 신뢰가 형사사법공조나 범죄인인도의 성패를 좌우하는 실질적인 요소가 될 것이다.

우리나라는 2020년 기준으로 30여개 국가들과 형사사법공조조약과 범죄인인도조약을 체결하였으며, 그 대상국은 계속 확대되고 있다. 국내 이행법률에 의하면, 범죄인인도의 대상 범죄는 「사형, 무기징역, 무기금고, 장기(長期) 1년 이상의 징역 또는 금고」에 해당하는 경우로 명시하고 있는 반면, 형사사법공조에 대해서는 대상 범죄를 적극적으로 한정하지 않아 매우 광범위하고 탄력적인 공조가 가능하다. 형사사법공조의 범위에는 「사람 또는 물건의 소재에 대한 수사, 서류·기록의 제공, 서류 등의 송달, 증거 수집, 압수·수색 또는 검증, 증거물 등 물건의 인도, 진술 청취뿐만 아니라 기타 요청국에서 증언하게 하거나 수사에 협조하게 하는 조치」 등이 모두 포함된다. 따라서, 포괄적인 형사사법공조가 가능하며, 특히 압수수색 등 강제수사는 가장 강력한 공조 수단으로 활용될 수 있다. 범죄인인도 절차를 진행하는 과정에서는 대상자에 대한 '구속'과 '구금'도 가능하다. 검사는 법무부장관의 인도심사청구명령에 따라 인도구속영장에 의해서 범죄인을 구속할 수 있고, 신병을 확보한 이후에는 교도소 등에 대상자를 구금할 수 있다. 나아가, 도주 우려 등으로 신속히 대상자의 신병을 확보해야 할 필요가 있는 경우에는 범죄인인도청구가 뒤따를 것을 전제로 하여 '긴급인도구속'도 가능하다. 우리나라 형사소송법상 구속은

368–369면; 홍기갑/김용남, 국제법상 범죄인 인도, 원광법학 (2008), 114–115면.

도주나 증거인멸의 우려가 있을 때에만 가능하나, 범죄인인도법상으로는 구속(구금)을 원칙으로 하되 도주 우려가 없을 때에만 예외적으로 불구속으로 절차를 진행할 수 있다. 이는 범죄인인도가 조약상 의무이기 때문에 그 이행을 담보하기 위해서 가장 강력한 신병확보 수단인 구속을 효과적으로 활용할 수 있도록 한 것으로 보인다. 형사사법공조나 범죄인인도가 이루어지는 절차와 기관은 아래 도표와 같은데, 우리나라의 요청 시에는 「한국 중앙기관 ⇒ 한국 외교당국 ⇒ 외국 외교당국 ⇒ 외국 중앙기관」, 외국의 요청 시에는 위 역순으로 요약할 수 있다.14)

[한국요청 형사사법공조 처리 절차]

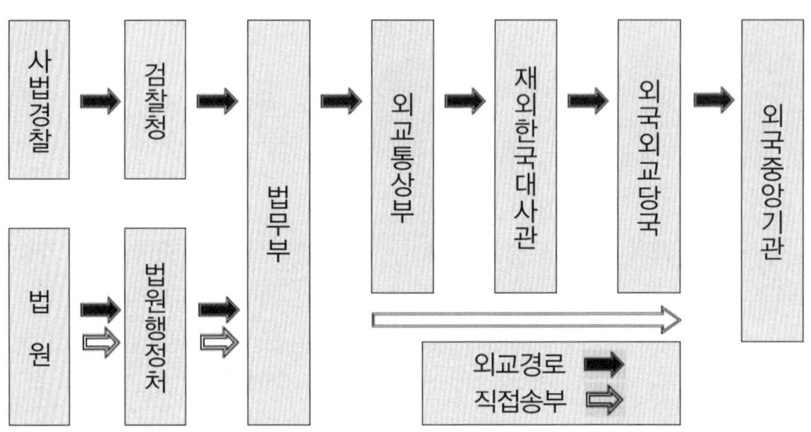

14) 형사사법공조 및 범죄인인도 관련 각종 현황 및 도표는 법무부, 형사사법공조 실무(2013), 16, 25, 48, 61면; 법무부, 범죄인인도 실무 (2014), 7, 36, 43−50, 79면.

[외국요청 형사사법공조 처리 절차]

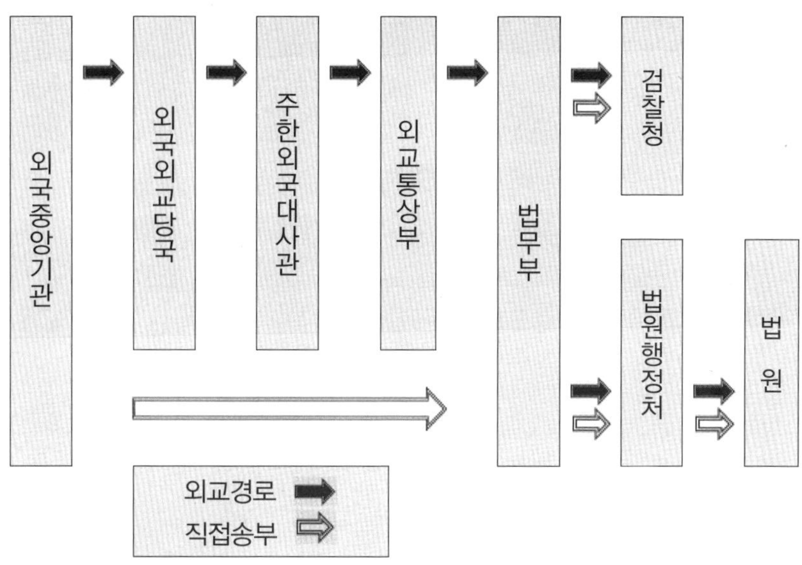

[한국요청 범죄인인도 처리 절차]

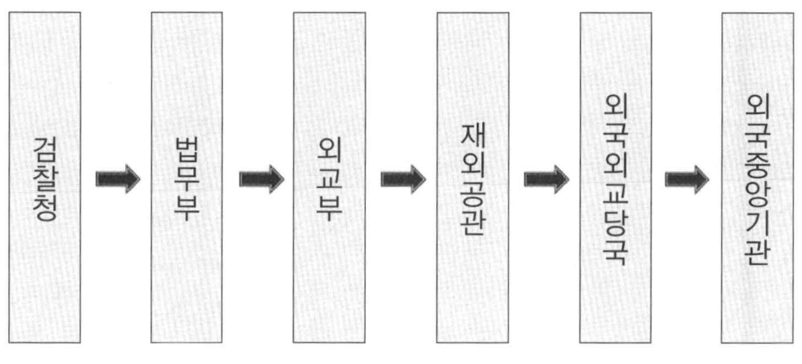

[외국요청 범죄인인도 처리 절차]

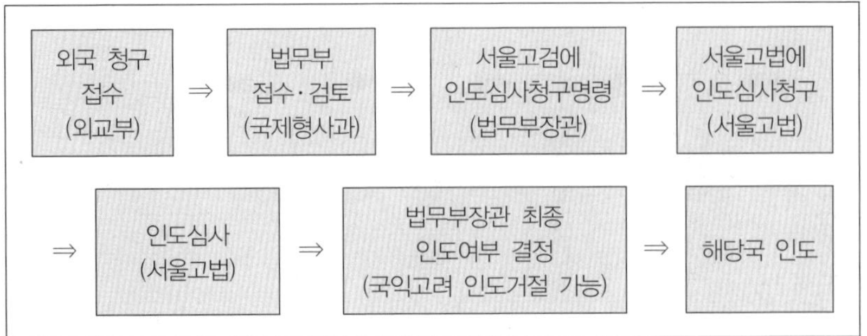

spillover effect & risk management

국제카르텔 형사집행 실무와 관련하여, 외국 기업들은 한국 검찰에서 혐의를 인정할 경우 공정거래위원회나 다른 나라 사법경쟁당국의 추가 제재를 불러오게 되는 것은 아닌지 등 파급효과(spillover effect)를 걱정하는 경우가 많다. 특히, 한국은 공정거래법상 법정최고형(벌금액)이 높지 않아서 기업 입장에서는 위 법정형을 최대 법적 리스크(maximum legal risk)로 오해할 우려가 있다. 이러한 경우에는 이미 다른 나라 사법경쟁당국에 대해서는 법적 책임을 인정하였음에도 한국 검찰에 대해서는 조사에 불응하거나 혐의를 부인하는 선택을 할 수 있다. 예컨대, 한국의 형사사법 제도나 실무에 대해서 잘 알지 못하는 외국 기업이 한국에서 고용한 로펌으로부터 '외국에 소재하는 기업이 증거자료를 제출하지 않거나 소속 임직원이 조사에 응하지 않더라도 한국 검찰이 자료나 진술을 강제로 확보할 수 없어 기소나 공소유지가 힘들 것'이라거나 '최악의 경우 유죄가 선고되더라도 법정형만큼 벌금만 내면 그만'이라는 식의 법적 조언을 받을 경우에는 이를 그대로 수용할 가능성이 높다.

하지만, 위와 같은 법적 조언은 한국 검찰의 법적 권한이나 실무를 제대로 이해하지 못한 것이다. 기술한 바와 같이, 한국은 국제카르텔이 문제될 수 있는 주요 국가들과 대부분 형사사법공조나 범죄인인도 관련 조약이 체결되어 있다. 따라서, 당사국의 사법기관 간에는 채증과 신병 인도에 관하여 법적 이행의무가 있으며, 그 과정에서 압수수색·체포구속 등 강제적 수단도 활용할 수 있다. 특히, 카르텔의 경우에는 쌍방가벌성 등 공조 요건을 충족시키기도 용이하기 때문에 양 당사국의 사법기관 간 신뢰와 경험만 충분하다면 신속하고 실효적인 공조가 가능하다. 그렇다면, 외국 기업 내지 외국 임직원이라고 해서 한국 검찰의 수사로부터 사실상 자유롭다고 할 수 없다. 나아가, 형사제재는 단순히 금전적 불이익을 넘어 기업의 평판을 저하시키기 때문에 당해 시장에서 심각한 부정적 영향을 미칠 수 있으며, 손해배상 등 민사집행에는 그 상한이 없다는 점도 국내외 기업이나 로펌은 간과하지 말아야 할 것이다.

Guidelines for Criminal Enforcement of Cartels

제 2 편 각 론

제 1 장

총　칙[1)]

【카르텔 사건 형벌감면 및 수사절차에 관한 지침】

[대검 예규 제1150호][시행 2020. 12. 10.]

제정 대검 수사지휘·지원과, 2020. 12. 8.

제1장 총칙

제1조(목적)
이 규정은 카르텔과 관련된 수사 및 형벌감면의 기본 원칙과 절차를 정함으로써, 카르텔에 대한 형사집행 절차의 예측가능성과 투명성 제고를 목적으로 한다.

제2조(정의) 이 규정에서 사용하는 용어의 뜻은 다음과 같다.
1. "카르텔"이란 「형법」 제315조, 「건설산업기본법」 제95조 및 「독점

1) JSK, 161－164, 174－221면에서 발췌 및 보완.

> 규제 및 공정거래에 관한 법률」 제19조 제1항을 위반한 카르텔 사건 중 연성 공동행위가 아닌 것을 말한다.
> 2. "형벌감면 신청"이란 카르텔에 관한 사실을 검찰에 자발적으로 신고하여 형의 면제 또는 감경 등을 구하는 의사표시를 말한다.
> 3. "형벌감면신청자"란 형법상 자수, 공익신고자보호법상 공익신고 등의 규정에 근거하여 제2호의 형벌감면 신청을 하는 사업자 또는 개인을 말한다.

【표제】

1. 가이드라인의 구성 및 성격

「카르텔 형사집행 가이드라인」(이하 '가이드라인')은 법적 근거가 되는 헌법, 형법, 형사소송법, 검찰청법, 공익신고자보호법, 공정거래법 등 상위 법률의 범위 안에서 형사집행이 투명하고 예측 가능하게 운영될 수 있도록 그 절차와 기준을 구체화한 검찰의 '실무 매뉴얼'이라고 할 수 있다. 위 매뉴얼은 핵심적인 내용을 조문화한 '지침'과 관련 '해설서'로 구성되어 있다. 따라서, 광의의 가이드라인에는 위 상위 법률 등이 모두 포함되며, 협의의 가이드라인은 위 실무 매뉴얼을 지칭하게 될 것이다.

대검찰청에서 2020년 12월에 대검 예규로 제정하여 시행한 「카르텔 사건 형벌감면 및 수사절차에 관한 지침」은 위 가이드라인의 체계 중 '지침'에 해당한다. 대검 예규는 형법 등 상위 법률에 근거하여 만들어진 것이기 때문에 넓은 의미에서는 상위 법률의 구체적인 시행을 위한 하위 법령에 해당한다고 볼 수도 있으나, 국무회의 등 공식적인 법령 제정 절차를 거치지 않기 때문에 엄밀한 의미에서는 검찰의 내규 내지 실무 지침으로 볼 수 있다.

이러한 가이드라인의 구조 및 성격은 몇 가지 함의를 가진다. 먼저, 상위 법률 등이 제·개정되면 가이드라인도 이에 맞추어 언제든 보완될 수 있다. 예컨대, 공정거래법상 전속고발제가 폐지될 경우 개정 공정거래법과 그 시행령의 내용이 가이드라인에도 즉시 반영될 것이다.[2] 다음으로, 가이드라인의 제정 및 시행은 형사집행 대상자의 권익을 제한하거나 침해하는 이른바 '침익적' 조치가 아니다. 오히려, 상위 법령의 범위 안에서 검사의 재량을 줄이고 구체적 절차와 기준을 확립함으로써 사건 관계인에게 유리한 환경을 조성하는 이른바 '수익적' 조치이다. 따라서, 상위 법령과의 조화, 수익적 성격을 유지하는 한 별도의 입법 조치가 필요 없으며, 검찰 차원에서 더 바람직한 방향으로 언제든지 신속하고 탄력적으로 수정될 수 있다.

위와 같이 가이드라인이 탄력적인 성격을 가진다고 할지라도 가이드라인은 검찰 안팎에서 사실상 매우 강한 구속력을 지니게 된다. 검찰청법상 검찰의 형사집행과 관련하여 최종적이고 구체적인 지휘감독권은 검찰총장에게 있다. 가이드라인은 여러 상위 법률의 취지에 맞게 형사집행이 이루어질 수 있도록 검찰총장이 그 절차와 기준을 마련하여 지시한 것이므로 모든 검사는 당연히 이에 따라야 한다. 따라서, 가이드라인은 사실상 상위 법률과 유사한 구속력을 가진다고 볼 수 있다.

---

2) 예컨대, 현재 가이드라인에는 형사리니언시의 접수창구로서 대검찰청에서 운영하는 'leniency@spo.go.kr'을 이용하도록 규정되어 있으나, 향후 공정거래위원회와 법무부가 합의한 바와 같이 전속고발제를 폐지하고 형사리니언시와 행정리니언시의 창구를 단일화하는 공정거래법 개정이 이루어질 경우 검찰의 가이드라인에도 형사리니언시의 접수창구를 대검찰청과 공정거래위원회가 공동으로 운영하는 'leniency@korea.kr' 로 변경하게 될 것이다.

2. 가이드라인의 주무부서

현재 가이드라인상에는 '대검 수사지휘·지원과'를 지침 제정의 주무 부서로 표기되어 있다. 후술하다시피, 일선 검찰청의 형사집행과 관련된 컨트롤타워는 검찰총장의 참모 조직인 대검찰청이며, 카르텔 사건과 가장 관련성이 높은 대검찰청의 부서는 반부패·강력부(이하 '반부패부')이다. 가이드라인 제정을 실질적으로 주도한 것은 검찰총장의 지시로 반부패부에 만든 '대검찰청 반독점 TF'이나, 이는 비직제·비상임 연구조직의 성격이 강하기 때문에 가이드라인 제정의 공식적인 주무부서는 반부패부 산하 '수사지휘·지원과'로 표기한 것이다.[3]

가이드라인이 효과적으로 운용되기 위해서는 형사리니언시 신청 접수, 일선청 카르텔 형사집행의 지휘 및 지원을 위한 전문 부서와 인력의 보충이 필요하다. 공정거래위원회와 법무부가 전속고발제 폐지를 위한 공정거래법 개정안을 도출하는 과정에서도 이미 대검찰청에 위와 같은 전문 부서를 신설하기로 합의한 바 있다. 하지만, 가이드라인 전담 부서의 공식 직제화에는 다소 시간이 걸릴 수 있기 때문에 당분간 대검찰청에서는 반부패부에 검사와 수사관 중 전문 인력을 지정하여 가이드라인 운용을 담당하게 할 것으로 보인다. 향후 전담 부서가 직제화되면, 이에 따라 가이드라인상 표기된 주무부서도 변경될 가능성이 있다.[4]

---

3) '대검찰청 반독점TF'는 공정거래 전문검사 양성과 제도 개선을 위하여 검찰총장의 특별지시로 만들어진 일종의 씽크탱크(think tank)이다. 위 TF는 지속적인 역량 강화를 위해서 검찰 인사에 따른 보직 변경과 관계없이 전국에서 전문성과 발전가능성을 고려하여 선발한 검사들로 구성하였다. 필자는 실무 팀장으로서 TF의 기획과 운영에 참여해 왔는데, 앞으로도 검찰의 전문성 강화 및 가이드라인 운영 등에 있어서도 TF가 큰 역할을 할 것으로 기대한다.

4) 가이드라인의 성패는 전담 부서의 신설보다 담당 인력의 전문성에 달려 있다. 이미

【제1조(목적)】

가이드라인은 일차적으로 검찰 내부의 실무 지침 내지 매뉴얼로서의 성격이 강하지만, 그 궁극적인 목적은 형사집행의 투명성과 예측가능성을 높이는 것이다. 이를 위해서 가이드라인은 국문본뿐만 아니라 영문본까지 만들어 대검찰청 홈페이지에 게시하였으며, 누구든지 자유롭게 접근하여 무료로 다운로드받을 수 있도록 하였다. 이러한 점에서 가이드라인은 검찰 내부의 실무 지침에서 한 걸음 더 나아가 국내외 사법경쟁당국, 기업, 소비자에게 천명한 검찰의 다짐 내지 약속으로서의 성격을 가진다고 할 것이다.

【제2조(정의)】

1. 가이드라인의 적용 범위(제1호)

가이드라인은 카르텔에 대한 형사집행, 나아가 형사집행과 행정집행 간 일관성과 정합성을 추구하고 있다. 따라서, 가이드라인은 카르텔에 대한 형사처벌 규정을 두고 있는 형법, 건설산업기본법, 공정거래법과 관련된 형사리니언시와 수사 절차에 모두 적용되도록 '카르텔의 정의'를 규정함으로써 가이드라인의 적용 범위를 확대하였다. 다만, 경쟁제한성 외에 순작용을 수반하는 연성카르텔은 형사처벌이 적절하지 않아 형사집행의 대상에서 배제되기 때문에 가이드라인의 적용 범위에 포함되지 아니한다.[5]

검찰에서는 반독점TF를 통해서 전문검사를 꾸준히 양성해왔기 때문에 위 인력들을 잘 활용하면 전담 부서 직제화 이전에도 가이드라인 운영에 큰 장애가 없을 것으로 예상된다.

5) 카르텔의 의미에 대해서는 「제1편 제2장 제1절 카르텔의 개념」 참조.

2. 형사리니언시의 개념 및 근거(제2호, 제3호)

형사리니언시란 카르텔을 자발적으로 신고하여 형사처벌의 감면을 받는 절차이다.[6] 현행법 아래에서 형사리니언시의 법률상 근거가 되는 것은 형법과 공익신고자보호법상 자수자와 공익신고자에 대해서 형벌을 감면하는 규정이다. 따라서, 공정거래법상 자진신고제에 따라서 행정리니언시를 부여받더라도 당연히 형사리니언시를 인정받을 수 있는 것은 아니다. 전속고발제 아래에서 공정거래위원회의 행정리니언시를 통해서 고발을 면제받을 경우 검찰에서는 특별한 사정이 없는 한 고발요청권이나 기소권을 행사하지 않는 것이 실무 관행이기 때문에 사실상 행정리니언시 대상자에 대한 형벌이 이루어지지 않는 사례가 많으나, 이는 전속고발제와 검찰 실무에 따른 반사적 효과에 불과하고 여전히 행정리니언시와 형사리니언시는 별개의 개념과 절차이다. 더욱이, 현재 공정거래위원회에서는 검찰과 리니언시 정보의 공유를 거부하고 있기 때문에 공정거래위원회에 행정리니언시만 신청했을 경우에는 검찰의 압수수색 등 강제수사의 대상이 될 위험이 있고, 만약 검찰에서 공정거래위원회의 행정리니언시 절차가 위법·부당하다고 판단할 경우에는 고발요청권을 행사하여 기소 대상이 될 수도 있다.[7]

향후 공정거래법이 개정되어 전속고발제가 폐지되고 공정거래법에 형사리니언시와 행정리니언시를 아우를 수 있는 규정이 신설되면, 가이드라인에서도 형사리니언시 신청인의 범위에 공정거래

6) 형사리니언시의 의미에 대해서는 「제1편 제4장 제1절 형사리니언시의 의의」 참조.
7) 예컨대, 입찰 카르텔에서 공정거래위원회에서 임의로 카르텔 주도자에게 선제적으로 자진신고를 종용하여 고발을 면제하고 들러리 업체만 고발한다면, 검찰에서는 행정리니언시 절차의 적법성 내지 당위성을 인정하기 어려워 카르텔 주도자에 대한 고발요청권을 행사할 수도 있을 것이다.

법상 자진신고 규정에 근거하여 형벌감면 신청을 하는 사업자 또는 개인을 추가로 포함하게 될 것이다. 전속고발제가 폐지되지 않더라도 공정거래위원회와 검찰이 리니언시 관련 정보를 공유하게 된다면, 행정리니언시와 형사리니언시 절차를 일괄적으로 진행함으로써 보다 신속하고 정합적인 처분을 담보할 수 있을 것이다. 공정거래위원회는 공정거래법 제22조의2 제3항의 비밀유지의무를 이유로 검찰에 자진신고 관련 정보를 제공하는 것을 거부하고 있다. 하지만, 위 조항은 '사건 처리와 관계없는 자'에게 리니언시 관련 정보를 누설하여 리니언시 신청인에게 불이익이 가는 것을 방지하기 위한 규정이다. 검찰은 공정거래위원회의 고발 등과 관련된 사건 처리에 있어 밀접한 협력 관계가 있는 국가기관이며, 모든 검찰 공무원은 직무상 지득한 기밀에 대한 비밀유지의무가 있다. 따라서, 현행 공정거래법에 의하더라도 공정거래위원회와 검찰은 정보공유가 가능하다고 해석함이 상당하다.[8)]

공정거래법상 비밀유지의무의 이해

공정거래법 제22조의2 제3항은 '소송수행을 위하여 필요한 경우 등 대통령령으로 정하는 경우'를 제외하고는 자진신고 관련 정보 및 자료를 '사건 처리와 관계없는 자'에게 제공하거나 누설하여서는 아니된다고 규정하고 있다. 나아가, 공정거래법시행령 제35조 제2항은 '자진신고자가 동의한 경우'와 '해당 사건과 관련된 소송의 제기, 수행 등에 필요한 경우'로 정보제공이 가능한 경우를 구체화하고 있다.

8) 행정리니언시와 형사리니언시가 개념상 구분되는 것은 불가피하나, 그 운용까지 경직화되는 것은 리니언시 신청인의 불편을 가중시키고 국가기관 간 처분의 예측가능성과 정합성을 저하시키게 되어 바람직하지 않다. 전속고발제 폐지나 정보공유가 필요한 가장 중요한 이유 중의 하나가 바로 여기에 있다. 전속고발제 폐지는 입법이 필요하므로 시간이 걸릴 수 있으나, 공정거래위원회와 검찰 간 정보공유와 협력은 양 기관의 신뢰만 강화되면 현행 법제에서도 신속히 이루어질 수 있을 것이다.

공정거래위원회는 위 소송을 '행정소송'으로 한정하여 검찰과 정보공유가 불가능하다는 입장으로 보인다. 하지만, 공정거래위원회는 검찰에 카르텔 사건을 고발하면서 자신신고자의 신원 등을 포함한 리니언시 관련 정보를 폭넓게 제공해오고 있다. 심지어 공소시효 만료 임박 사건의 경우에는 고발 전에도 공정거래위원회가 검찰에 자진신고 관련 사건들에 대해서 실무 협의를 요청하는 사례도 적지 않다. 공정거래위원회의 주장에 따르면, 이러한 공정거래위원회의 실무 관행은 법적 근거가 없는 위법한 행위가 된다. 따라서, 위 조항들은 예시적 열거 규정으로 보아야 하고, 위 소송에는 행정소송뿐만 아니라 관련 민·형사소송도 포함되는 것으로 봄이 마땅하다.[9] 나아가, 위 소송에 형사소송이 포함된다고 보더라도 정보 제공이 가능한 시점을 공정거래위원회가 임의로 선택하는 것은 부적절하고, 검찰과 협의하여 실효적인 법집행을 위해서 가장 합리적인 시점에 양 기관이 정보를 공유하는 것이 바람직할 것이다.[10]

3. 개인리니언시의 보장(제3호)

카르텔에 가담한 개인이 자진신고를 했을 때 책임을 감면하는 제도를 '개인리니언시'라고 한다.[11] 현행 공정거래법상 개인리니언시가 인정되는지 여부에 대한 연구는 많지 않지만, 전직 임직원의 협조 활성화 등을 이유로 그 필요성에 공감하는 견해가 힘을 얻고 있다.[12]

---

9) 공정거래법과 그 시행령에도 '등'이라는 표현을 사용하고 있어서 위 조항은 문리해석상 한정적 열거가 아닌 예시적 열거로 해석할 수밖에 없다.

10) 형사소송의 제기 및 수행은 오로지 검찰에서만 담당할 수 있다. 검찰은 공정거래위원회의 고발에 구속되어 당해 사건을 기소해야 하는 것이 아니며, 나아가 고발요청권까지 지니고 있다. 따라서, 공정거래위원회가 일방적으로 형사소송의 제기 내지 수행의 필요성을 판단하고, 나아가 '고발'을 정보 제공 시점으로 한정하는 것은 법적인 근거나 명분이 희박한 것이다.

11) 개인도 사업자가 될 수 있지만, 리니언시제도를 이용하는 사업자는 대부분 기업이다. 따라서, 이하에서는 개인리니언시에 대비되는 개념으로 기업에 대한 리니언시를 '기업리니언시'라고 지칭하기로 한다.

12) OECD, Fighting Hard−Core Caterls: Harms, Effective Sanctions and Leniency

공정거래위원회는 주로 기업에 대한 책임 감면과 관련하여 리니언시를 활용하고 있으며, 개인리니언시에 대해서는 소극적인 입장으로 보인다. 하지만, 기업과 무관하게 소속 임직원이 자신이 실행행위에 가담했던 카르텔에 대해서 가장 먼저 제보하고 관련 자료를 제출한 경우 통상 공정거래위원회는 위 개인에 대해서는 검찰에 고발하지 않을 것으로 보이는데, 이러한 공정거래위원회의 실무는 개인리니언시를 부정하는 해석론과 양립하기 어렵다. 이 경우 공정거래위원회는 이미 전직 임직원의 제보를 통해서 당해 카르텔에 대한 정보 및 자료를 확보했기 때문에 관련 기업들에 대해서는 자진신고 요건이 충족될 수 없어서 더 이상 리니언시 절차를 진행할 수 없다. 그렇다면, 공정거래위원회는 위 사건을 자진신고가 아닌 직권인지 사건으로 분류하여 카르텔 기업들에 대한 조사를 진행한 후 혐의가 인정될 경우 특별한 사정이 없는 한 검찰에 고발할 수밖에 없다. 개인리니언시를 부정할 경우 공정거래위원회가 카르텔 제보자이자 가담자인 개인에 대해서 고발을 면제할 수 있는 법적 근거가 명확하지 않다. 공정거래위원회의 '재량행사'라고 주장할 수도 있겠지만, 공정거래법은 중대한 사안에 대해서는 공정거래위원회에 고발의무를 부과하고 있기 때문에 자의적인 재량은 위법한 것이다. 따라서, 공정거래법상 자진신고자에는 기업뿐만 아니라 개인도 포함되고, 그 개인이 자진신고의 요건을 만족시켰기 때문에 고발을 면제하는 것이라고 해석하는 것이 현실에도 부합하는 것이다.[13] 그동안 학계나 실무계에서는 과징금 등

Programmes (2002), p. 26; 김현수, 부당공동행위의 적발유인제도－자진신고자 감면제도를 중심으로, 경영법률 (2009), 327면; 주진열, 독점규제법상 형사제재 조항과 전속고발제 존폐 문제에 대한 고찰, 경쟁법연구 (2018), 331－332면.

13) 물론 공정거래법의 일차적 수범자가 사업자임을 부정하는 것은 아니다. 하지만, 자진신고제는 의무 조항과 별개인 면책 조문으로서 적용 대상을 사업자로 한정할 필

행정제재 감면에만 시선을 집중하여 그 대상으로 기업만 떠올린 것으로 보이나, 고발 면제까지 시야를 확장하면 이를 기업으로 한정할 이유가 없을 것이다.[14)]

위와 같은 점을 고려하여, 검찰의 가이드라인에서는 개인에 대해서도 형사리니언시를 적극적으로 인정하고 독려하는 차원에서 '형벌감면 신청자'의 정의에 사업자뿐만 아니라 개인도 명시하고 있다. 다만, 개인리니언시가 인정된다고 하더라도 카르텔을 구성하는 주체로서 형사리니언시를 신청하는 주류는 여전히 기업(사업자)이 될 것이다. 따라서, 가이드라인과 본서에서 설시하는 형사리니언시의 절차와 요건은 대부분 기업리니언시를 염두에 둔 것이라고 할 수 있다.[15)]

<기업리니언시와 개인리니언시의 관계>

공정거래위원회와 법무부가 합의한 공정거래법 제22조의2 제1항의 개정안에는 리니언시의 대상에 "(사업자) 소속 전현직 임직원을 포함한다"는 표현이 추가되었는데, 이것이 개인리니언시 도입을 염두에 둔 것인지에 대해서 의문이 제기될 수 있다. 하지만, 공정거래위원회의 의도는 개인리니언시와는 관련 없이 기업이 리니언시를 받으면 전현직 임직원도 당연히 책임이 감면된다는 취지를 나타내고자 했던 것으로 보인다.

검찰의 입장은 위와 다르다. 현직 임직원은 기업의 기관 내지 피용자이기 때문에 기업리니언시의 효과를 함께 누릴 가능성이 있지만, 전직 임직원은 그렇지 않다. 미국 연방검찰에서도 전직 임직원은 예외적인 경우가 아닌 한 개인리니언시 내지 플리바게닝의 요건을 갖추어야만 책임 감면이

요는 없을 것이다.

14) 공정거래위원회의 고시에서 자진신고 대상자를 사업자로 한정하고 있기 때문에 개인리니언시를 인정하기 위해서 공정거래법이나 시행령을 개정할 필요도 없다.

15) 후술하는 바와 같이, 기업리니언시에 관한 내용은 대체로 개인리니언시에도 적용되나, 일부 요건과 절차는 다소 완화되어 적용될 것이다.

가능하다.[16] 위 공정거래법 개정안에도 각 호에서 리니언시의 요건을 밝히고 있기 때문에 전현직 임직원도 위 조건을 만족시켜야 하며, 기업리니언시의 효과가 당연히 확장되는 것이 아니다. 요컨대, 개인리니언시와 기업리니언시는 주체와 순위 면에서 구별되며, 양자는 서로 순위를 다투는 '경쟁관계'에 있다.

---

16) 2018. 9. 13~14. 서울중앙지방검찰청/DOJ반독점국/FBI, 韓-美 반독점 수사실무 워크샵, Kevin Hart (Assistant Chief) 및 구상엽 (공정거래부장검사) 발언 등.

제 2 장

형벌감면 절차[1)]

제1절 형벌감면 신청

제2장 형벌감면 절차

제1절 형벌감면 신청

제3조(형벌감면 신청의 방식)

① 카르텔에 대하여 형벌감면을 신청하고자 하는 자는 다음 각 호의 사항이 포함된 형벌감면 신청서를 대검찰청 반부패강력부에 직접 방문하거나, 팩스 전송(02-3480-2589) 또는 이메일 전송(leniency@spo.go.kr)의 방법으로 제출해야 한다.

1. 형벌감면신청자의 명칭, 대표자 이름, 주소, 사업자등록번호(또는 주민등록번호) 및 연락처, 형벌감면 신청서를 제출하는 자의 성명, 근무

1) JSK, 174-221면에서 발췌 및 보완.

부서, 연락처
2. 형벌감면신청자 등이 참여한 카르텔의 개요
3. 당해 카르텔을 입증하는데 필요한 증거 및 증거의 목록
4. 당해 카르텔에 대한 검찰의 수사 및 재판이 끝날 때까지 성실하게 협조하겠다는 내용
5. 당해 카르텔의 중단 여부
6. 형벌감면신청자와 함께 형벌을 감면 받기 원하는 현직 임직원의 이름, 주소, 주민등록번호 및 연락처

② 2 이상의 사업자인 형벌감면신청자들이 공동으로 형벌감면 신청서를 제출하는 경우에는 전항의 신고서에 다음 각 호의 사항을 추가로 기재 또는 첨부하여야 한다.
1. 공동 형벌감면신청자들이 실질적 지배관계에 있는 계열회사이거나 회사의 분할 또는 영업양도의 당사회사에 해당하는지 여부 및 그 사유
2. 제1호의 사항을 입증할 수 있는 서류
3. 공동 형벌감면신청자들이 위 제1호의 요건을 충족하지 못하여 개별적으로 순위를 부여받게 될 경우 공동 형벌감면신청자들 간 순위

③ 형벌감면신청자가 서면으로 신청서를 제출하기 곤란한 사유가 있는 경우에는 대검찰청 반부패강력부에 제1항 각 호에 해당하는 내용을 구두로 진술함으로써 구두 형벌감면 신청을 할 수 있고, 이 경우 대검찰청 반부패강력부는 형벌감면신청자의 구두 진술 내용을 녹취하여야 한다.

제4조(형벌감면 신청의 보정)

① 형벌감면신청자가 증거자료의 수집 등에 상당한 시간을 요하거나 기타 신청서와 동시에 증거자료를 제출할 수 없는 특별한 사정이 있는 경우 제3조 제1항 및 제2항의 기재사항 중 일부를 생략한 신청서를 제출할 수 있다. 다만, 이때에도 제3조 제1항 제1호 및 제2호의 사항은 기재하여야 한다.

② 전항의 경우 형벌감면신청자는 그 보정에 필요한 기한을 명시하여야

한다.

③ 전항의 보정 기한은 30일을 넘지 못한다. 다만, 국제카르텔의 국제공조 등 불가피한 사유가 있어 대검찰청 반부패강력부의 동의를 받은 경우에는 보정 기한을 연장할 수 있다.

④ 보정 기한 내에는 최초 신청시 기재하였던 카르텔의 개요에 관한 사항도 이를 보완할 수 있다. 다만, 최초 신청시 고의 또는 중과실로 사실과 다르게 카르텔을 신고한 경우에는 보완을 허용하지 않는다.

제5조(형벌감면 신청의 순위)

① 형벌감면의 순위는 제6조의 요건을 충족한 자 중 제3조에 의한 신청시점의 순위에 따라 판단한다.

② 2 이상의 사업자인 형벌감면신청자들이 공동으로 형벌감면 신청서를 제출한 경우에는 그 신청은 받아들이지 아니한다. 다만, 공동 형벌감면 신청자들이 제3조 제2항에 따라 다음 각 호의 실질적 지배관계에 있는 계열회사이거나 회사의 분할 또는 영업양도의 당사회사에 해당하는 사유를 적시하여 공동으로 신청을 하는 경우에는 그러하지 아니하다.

1. 형벌감면 신청시 사업자가 다른 사업자의 주식을 모두 소유한 경우 (동일인 또는 동일인 관련자가 소유한 주식을 포함하고, 의결권 없는 주식은 제외한다.)
2. 제1호에 해당하지 않더라도 주식소유비율, 당해 사업자의 인식, 임원 겸임 여부, 회계의 통합 여부, 일상적 지시 여부, 판매조건 등에 대한 독자적 결정 가능성, 당해 사안의 성격 등 제반 사정을 고려할 때, 사업자가 다른 사업자를 실질적으로 지배함으로써 이들이 상호 독립적으로 운영된다고 볼 수 없는 경우. 다만, 관련시장 현황, 경쟁사업자의 인식, 당해 사업자의 활동 등을 고려할 때 경쟁관계에 있다고 인정되는 경우는 제외한다.

③ 공동 형벌감면 신청이 있는 경우 그 순위는 다음 각 호와 같다.

1. 공동 형벌감면신청자들이 동일한 순위를 받는다. 다만, 공동 형벌감면

신청이 인정되지 않는 경우에는 제3조 제2항 제3호에 따른 순위에 의한다.
2. 공동 형벌감면신청자들 이후에 형벌감면 신청을 한 자의 순위는 선순위 공동 형벌감면 신청이 인정될 경우와 인정되지 않을 경우에 따라 달라진다.

【제3조(형벌감면 신청의 방식)】

1. 신청 창구(제1항)

검찰에서 모든 구체적 사건의 최종적인 지휘감독권은 검찰총장에게 있다. 대검찰청은 검찰총장을 보좌하는 부서들이 모여 있는 일종의 지휘본부라고 할 수 있다. 과거에는 대검찰청에 중앙수사부가 설치되어 국가적으로 중대한 사건을 직접 수사하기도 했으나, 중앙수사부가 폐지된 이후에는 일선 검찰청에 대한 지휘와 지원을 중심으로 대검찰청이 기능하고 있다. 현재 대검찰청에서 공정거래 등 주요 경제 사건에 대한 지휘와 지원은 반부패부에서 담당하고 있다.

카르텔 사건에 대한 수사와 기소는 관할 지역에 따라 대검찰청 산하 각급 지방검찰청에서 수행하는데, 최대 지방검찰청인 서울중앙지방검찰청의 공정거래부에 주요 공정거래 사건들이 집중되어 있다. 하지만, 카르텔에 대한 자진신고 및 형벌감면 신청은 직접 수사를 수행하는 일선 검찰청이 아닌 대검찰청 반부패부에 해야 한다. 수사 부서에서 형사리니언시까지 폐쇄적으로 전담할 경우 그 객관성과 중립성을 담보하기 어려울 수 있다. 그래서 가이드라인은 검사의 재량을 축소하고 전국적으로 통일된 기준에 따른

형사집행이 이루어질 수 있도록 형사리니언시 신청의 창구를 대검찰청으로 일원화한 것이다.[2)]

형사리니언시제도가 성공적으로 작동하기 위해서는 신청인의 신원 등이 함부로 외부에 노출되지 않도록 비밀(confidentiality)이 보장되어야 한다. 이는 신청인의 보호뿐만 아니라 수사의 밀행성 차원에서도 매우 중요하다. 따라서, 대검찰청 내에서도 형사리니언시를 담당하는 인력은 필요최소한으로 한정되어야 한다. 형사리니언시 시행 초기에는 선례가 많지 않아 서울중앙지방검찰청 공정거래부 등 일선 검찰청에 형사리니언시 신청을 시도하는 사례도 생길 수 있다. 이때 일선 검찰청의 검사는 즉시 대검찰청의 형사리니언시 담당 검사에게 이를 전달해야 한다.[3)] 엄밀한 의미에서는 형사리니언시 신청 시점은 일선 검찰청이 아닌 대검찰청에 위 신청이 접수된 시점으로 보는 것이 상당하다. 또한, 형사리니언시에서 신청 순위는 중요한 의미를 가지므로, 가급적 가이드라인에서 정한 방법으로 대검찰청에 직접 형사리니언시를 신청하는 것이 바람직할 것이다.[4)]

2) 미국 연방검찰에서도 리니언시 신청 절차는 반독점국 내 형사집행을 총괄하는 고위간부(Deputy Assistant Attorney General, DAAG)에게 집중되어 있다. DOJ, Frequently asked Questions about the Antitrust Division's Leniency Program and Model Leniency Letters (2017), p. 2.

3) 미국 연방검찰에서도 리니언시 신청은 원칙적으로 반독점국의 행사집행 담당 DAAG 또는 Director를 상대로 해야 하나, 반독점국 산하 형사부서 중 한 곳에 마커를 신청하더라도 그 즉시 위 DAAG에게 신청이 전달된다. DOJ, p. 2.

4) 물론 형법상 자수는 어느 수사기관에 대해서도 할 수 있는 것이 원칙이고, 형사리니언시 여부와 무관하게 자수의 효력은 인정받을 수 있다.

2. 신청 방식(제1항, 제3항)

형사리니언시 신청은 서면으로 하는 것이 원칙이며, 신청인이나 그 법률대리인이 대검찰청 반부패부에 직접 방문하여 신청서를 접수하거나 팩스나 이메일을 통해서 신청서를 원격 접수할 수도 있다.[5] 만약 신청인이 서면으로 신청서를 제출하기 곤란한 사정이 있는 경우에는 구두 신청도 가능하다. 이 경우 형벌감면 신청 순위나 요건 등을 명확히 할 필요가 있는데, 사안의 성격에 따라 담당 검사로부터 안내를 받아 관련 절차를 진행하게 된다. 신청인이 처음부터 신원이 노출되는 것을 부담스러워할 경우에는 일단 익명으로 담당 검사와 상담한 후 정식으로 형사리니언시 신청 절차를 밟는 것도 가능할 것이다.

익명 · 구두 신청의 활용례

형사리니언시 시행 초기 단계에서는 선례가 많지 않기 때문에 신청인이나 법률대리인으로서는 과연 당해 사안이 형사리니언시의 대상이 되는지, 형벌감면이 보장되는지 의문이 들 수 있다. 신청인으로서는 괜히 형사리니언시를 신청했다가 형벌감면은 되지 않고 수사 및 처벌 대상이 될까봐 걱정할 수도 있다. 이때에는 익명·구두 신청 절차를 이용하면 효과적이다.

실제로, 필자가 공정거래부와 특별수사부의 부장검사로 재직할 당시에는 정식으로 형사리니언시가 시행되기 전이었음에도 불구하고, 자수를 통해 형사리니언시를 희망하는 신청인에게 익명이나 구두 상담을 적극 활용한 사례들이 있다. 예컨대, 변호인이 의뢰인을 노출하지 않은 상태에서 대략적인 사안과 자료에 대해서 구두로 설명하면, 필자가 형사리니언시의 대상 및 요건 충족 여부에 대한 원론적인 의견을 제시하고, 이를 토대로 변호인이 의뢰인과 상의하여 관련 절차를 진행하였다.

5) 신청 양식은 본서 말미 「부록 2. 형사리니언시 신청 양식 (예시)」 참조.

물론, 구두 신청의 경우 구체적인 사안과 증거를 검증하기 어렵기 때문에 형벌감면 여부에 대해서 확답을 하기는 어렵다. 하지만, 이는 정식 형사리니언시 절차에 있어서도 마찬가지이며, 이러한 경우를 대비하여 후술하는 보정 절차를 마련하고 있는 것이다. 필자가 익명·구두 상담 과정에서 형사리니언시에 대해서 긍정적인 견해를 제시한 경우 실제로 대부분 자수가 이루어졌고, 수사팀에서는 압수수색 등 강제수사 면제와 형벌감면 등을 철저히 이행하였다. 이제는 형사리니언시제도가 정식 지침으로 시행되었고, 수사팀과 별도로 형사리니언시 담당 검사가 존재하기 때문에 익명·구두 신청의 활용도와 예측가능성은 훨씬 더 높아졌다고 할 수 있다.

다만, 익명·구두 신청은 잠정적인 절차이기 때문에 그것만으로는 형사리니언시 신청 순위를 확정적으로 취득하지 못할 수도 있다는 점을 유의해야 한다. 따라서, 최대한 신속히 정식 절차를 밟아서 선순위 형사리니언시 신청인의 지위를 확보하는 것이 바람직하다.

3. 신청 내용(제1항 각 호)

형사리니언시를 신청할 때에는 ① 신청인의 명칭, 대표자 이름, 주소, 사업자등록번호 및 연락처, 신청서를 제출하는 사람의 인적 사항, ② 신청인 등이 참여한 카르텔의 개요, ③ 카르텔을 입증하는데 필요한 증거 및 그 목록, ④ 검찰의 수사 및 재판이 끝날 때까지 성실하게 협조하겠다는 약속, ⑤ 카르텔의 중단 여부, ⑥ 신청인과 함께 형벌을 감면 받기 원하는 임직원의 인적 사항 등의 내용을 포함하여야 한다. 신청서를 활용할 경우 방문, 팩스, 이메일을 활용하여 대검찰청 반부패부에 접수하면 된다. 구두로 신청하는 경우에는 그 내용을 녹취함으로써 신청서에 갈음하게 될 것이다. 실무상으로는 구두 신청과 녹취 과정에서 담당 검사의 안내를 받아 신청서에 상응하는 서면이 추가로 작성되는 경우가 많을 것이다.[6]

---

6) 개인리니언시 신청의 경우 ①에서는 본인의 인적 사항만 특정하면 되고, ⑥의 내용

기업리니언시와 전현직 임직원의 관계

기업리니언시는 기업의 입장에 동조하여 검찰의 수사와 재판에 협조한 임직원까지 확장될 수 있다. 현직 임직원이라고 할지라도 위 협조를 하지 않으면, 기업리니언시에서 배제된다(carve−out). 반면, 전직 임직원은 기업리니언시에 포함되지 않는 것이 원칙이다. 전직 임직원은 기업의 기관이나 피용자가 아니며, 수사와 재판에 협조하도록 기업이 관리감독하는 것도 어렵기 때문이다. 다만, 전직 임직원이 해당 카르텔을 입증하는데 필요한 중요한 정보나 자료를 보유하고 있고, 기업의 요청에 따라 수사와 재판에 성실히 협조할 경우에는 예외적으로 기업리니언시의 확장 대상에 포함시킬 수도 있다(carve−in). 이는 예외적인 사례이기 때문에 전직 임직원이 기업과 관계없이 형벌감면 혜택을 확실히 받기 위해서는 독자적으로 개인리니언시를 신청하는 것이 바람직하다. 형사리니언시 자격을 취득하지 못한 전직 임직원이라도 검찰의 수사와 재판에 협조한 경우에는 검사의 재량권에 기해서 강제수사 면제, 형벌감면 등의 혜택을 받을 수 있다. 하지만, 이는 엄밀한 의미에서 가이드라인에서 정한 형사리니언시는 아니라고 할 것이다.

4. 공동신청(제2항)

둘 이상의 기업이 공동으로 형사리니언시 신청서를 제출하여 함께 형벌감면을 구하는 것은 원칙적으로 허용되지 않는다. 다만, 가이드라인 제5조 제2항 각 호에 따라 실질적 지배관계 등이 인정될 경우에는 공동으로 형사리니언시를 신청할 수 있다. 이 경우 신청 기업들은 해당 사유와 관련 입증 자료를 제출해야 하며, 공동신청이 인정되지 않을 경우에 대비하여 신청인들 간의 순위를 예비적으로 밝혀야 한다.

은 포함시키지 않아도 될 것이다.

【제4조(형벌감면 신청의 보정)】

1. 형사리니언시 신청의 보정

원칙적으로 형사리니언시 신청인은 가이드라인 제3조 제1항에서 규정한 요건을 모두 갖추어 형벌감면 신청을 해야 한다. 하지만, 당해 카르텔의 전모를 파악하고 이를 입증할 증거자료를 완비하기까지는 시간이 걸릴 수 있다. 예컨대, 기업의 변호인 내지 준법(compliance) 부서에서 당해 카르텔의 존재에 대해서 인식한 경우 기업 입장에서는 일단 신속히 선순위 리니언시 자격을 확보하고 싶으나, 그 시점에서는 카르텔의 세부적인 내용이나 관련 자료를 준비하지 못한 경우도 있다. 나아가, 당해 카르텔에 대한 기업의 법적 책임 내지 불법행위(illegal activity)의 존부나 범위에 대해서도 명확히 입장을 정하지 못한 상황도 생길 수 있다. 이러한 경우에도 필요최소한의 요건만 갖추면 일응 리니언시를 신청할 수 있는 잠정적 순위를 부여하고 일정한 기간 동안 리니언시 신청에 필요한 요건들을 완비할 수 있도록 허용하는 것을 '마커 시스템'(marker system)이라고 한다.[7)]

마커의 핵심적인 효과는 위 유예 기간 동안에는 마커를 통해서 부여된 잠정적인 순위가 그대로 유지되는 것이다. 즉, 마커 획득 후 정식 리니언시 신청과 보정이 완료되면 마커 획득 순위에 따라서 리니언시 관련 순위가 인정된다. 따라서, 보정이 진행되는 동안에는 다른 마커나 리니언시 신청이 들어오더라도 선순위 마커가 침해되지 않는다. 하지만, 정식 리니언시 신청과 보정이 완비되지 못할 경우에는 마커가 박탈되고, 후순위 마커나 리니언시 신

---

7) DOJ, pp. 2-4.

청인이 그 지위를 대신 받을 수 있다. 처음부터 모든 요건을 완비하여 리니언시를 신청하기는 어렵기 때문에 실무상으로는 먼저 마커를 신청하여 잠정적인 순위를 확보한 후 정식으로 리니언시를 신청하는 경우가 많을 것이다. 다만, 순위 부여 시점과 절차 등 마커 시스템을 운영하는 실무는 각국의 사법경쟁당국에 따라서 차이가 생길 수 있다는 점을 유의해야 한다.

가이드라인은 제4조에서 '형벌감면 신청의 보정'에 관한 규정을 두고 있는데, 위 보정은 마커 시스템을 포섭하는 개념이다. 마커 신청 당시에 반드시 확정적인 법적 책임이나 형사리니언시 신청 의사를 밝혀야 하는 것은 아니다. 위 규정은 '형벌감면 신청자'를 주체로 표현하고 있지만, 여기에는 잠재적인 형사리니언시 신청인 내지 마커 신청인이 포함되는 것이다. 하지만, 형사리니언시는 자신의 법적 책임 내지 불법행위를 인정하는 것을 전제로 형벌감면의 혜택을 부여하는 제도라는 점을 명심해야 한다. 따라서, 자신의 법적 책임이나 행위의 불법성을 부정하는 기업이나 개인은 형사리니언시의 대상이 될 수 없다. 또한, 형사리니언시에 있어서는 신청 순위가 매우 중요하기 때문에 마커 후 최대한 신속히 법적 책임 내지 불법행위를 인정하는 정식 형사리언시 신청을 해야만 마커의 순위와 효력을 유지할 수 있다.

2. 관련 절차(제1항)

형사리니언시 신청인이 증거자료의 수집 등에 상당한 시간을 요하거나 신청서와 동시에 증거자료를 제출할 수 없는 특별한 사정이 있는 경우에는 제3조에서 요구하는 내용 중 일부를 생략한 채 형사리니언시 신청을 할 수 있다. 다만, 이 경우에도 신청인의 특정 및 카르텔의 개요와 관련된 사항은 반드시 신청 내용에 포함되어야 한다. 법적 책임 내지 불법행위를 인정하는 정식 형사리니언시 신청 전에 마커(잠정적인 신청 순위)만 확보하고자 하는 경우에도 위 두 가지 사항은 반드시 밝혀야 한다.

어느 정도까지 카르텔의 개요를 밝히고 자료를 제공해야 마커 내지 형사리니언시 신청 순위를 부여받을 수 있을지는 상황별로 다를 수 있다. 예컨대, 검찰에서 당해 카르텔을 인식하지 못한 상태에서 이루어진 신청의 경우에는 상대적으로 낮은 수준의 정보를 제공하더라도 마커 내지 형사리니언시 신청 순위를 받을 가능성이 크다. 반면, 이미 검찰에서 당해 카르텔에 대해서 인식한 이후에 신청이 이루어진 경우에는 보다 충실한 정보와 자료를 제공해야만 마커 내지 형사리니언시 신청 순위를 취득할 수 있을 것이다. 일반적으로 위 정보에는 관련 시장, 품목, 피해자 등에 관한 내용이 필요최소한의 범위에서 포함되어야 할 것이다.[8)]

3. 보정 기간(제2항, 제3항)

형사리니언시 신청인이 관련 자료 수집 등에 시간이 걸릴 경우 이에 필요한 보정 기간을 명시해야 한다. 특히, 법적 책임 내지 행위의 불법성을 인정하지 않은 상태에서 이루어진 마커의 경우에는 최대한 신속히 정식 형사리니언시를 신청할 것이지 여부에 대해서 밝혀야 한다. 보정 기간은 원칙적으로 30일을 초과할 수 없으나, 특별한 사정이 있는 경우에는 검찰과 협의하여 연장할 수 있다. 예컨대, 국제카르텔 등 사안의 규모가 크고 증거수집의 난이도가 높은 경우에는 탄력적으로 보정 기간을 연장할 수 있다.

8) DOJ, pp. 2-4.

하지만, 실효적인 형사집행을 위해서 수사의 밀행성과 신속성을 크게 해치지 않는 범위에서만 연장이 가능할 것이다.

4. 보정 범위(제4항)

상황에 따라서는 보정 과정에서 마커 내지 형사리니언시 신청시 밝혔던 카르텔의 내용이 수정되는 경우도 발생할 수 있다. 다만, 최초 신청시 고의 또는 중과실로 사실과 다르게 카르텔 개요를 신고한 경우에는 수정이 제한될 수 있다. 보정 과정에서 카르텔의 내용에 양적 또는 질적 변경이 있을 경우에는 이에 부합하는 증거자료를 제출해야 한다. 카르텔의 내용에 변경이 있을 때에는 다른 형사리니언시 신청인의 지위에 부당한 영향을 미치지 않도록 각별히 주의해야 한다.

【제5조(형벌감면 신청의 순위)】

1. 신청 순위(제1항)

형사리니언시의 순위는 관련 요건을 충족한 것을 전제로 하여 그 신청 시점에 따라 결정된다. 검찰에서는 적법한 형사리니언시 신청이 이루어진 경우 접수 일시 등을 기재한 서면을 교부하게 되는데, 신청인은 이를 통해서 자신의 리니언시 신청 시점을 증빙할 수 있다. 위 '접수 일시'는 제3조에 따라 형사리니언시 신청이 ① 문서 형태로 대검찰청에 접수된 시점, ② 모사전송 형태로 대검찰청 팩스(82-2-3480-2589)에 도달한 시점, ③ 전자문서 형태로 대검찰청 계정(leniency@spo.go.kr)에 도달한 시점, ④ 구두 신청 과정에서 구두 진술이 시작된 시점 중 가장 앞서는 것을 기준으로 한다. 전화를 통한 형사리니언시 신청에 대해서는 가이드라인 제3조 제3항의 구두 신청 절차가 준용될 수도 있으나, 가이드라인 시행 초기에는 신청 순위 확정에 논란이 없도록 가급적 서면 제출이나 방문 구두 신청을 활용하는 것이 바람직할 것이다. 적법하게 마커를 획득한 경우에는 마커 순위에 따라서 형사리니언시 신청 순위가 인정된다는 점은 앞서 설명한 바와 같다.

2. 공동신청의 경우(제2항, 제3항)

형사리니언시는 단독신청이 원칙이나, 예외적으로 공동신청이 인정될 경우 공동신청인들은 동일한 신청 순위를 받게 된다. 만약 공동신청이 인정되지 않을 경우에는 신청인들이 예비적으로 밝힌 순위에 따르게 된다. 공동신청 이후 형사리니언시를 신청한 신청인의 지위는 공동신청이 인정되는지 여부에 따라 달라지게 된다. 공동신청이 인정되지 않더라도 공동신청인이 각자 형사리니언시의 요건을 충족시킨다면, 차순위 신청인의 순위가 이들보다 앞설 수는 없기 때문이다. 예컨대, 기업 A와 기업 B가 가장 먼저 형사리니언시를 공동으로 신청(예비적으로 기업 A를 기업 B보다 우선 순위로 지정)한 후 기업 C가 형사리니언시를 신청한 경우를 살펴보면 다음과 같다. 먼저, 공동신청이 인정될 경우에는 기업 A/B가 공동으로 제1순위 신청인이 되고, 기업 C는 제2순위 신청인이 된다. 만약, 공동신청이 인정되지 않는다면, 공동신청인들이 예비적으로 지정한 바와 같이 기업 A가 제1순위 신청인, 기업 B가 제2순위 신청인이 되고, 기업 C는 원칙적으로 형사리니언시의 대상이 될 수 없다.

제2절 형벌감면 요건 및 판단기준

제6조(형벌감면의 요건)

① 검찰이 수사에 착수하기 전에 형벌감면을 신청한 자가 다음 각 목의 모두에 해당하는 경우에는 제1순위자로 인정된다.

1. 카르텔을 입증하는데 필요한 증거를 단독으로 제공한 최초의 자일 것. 다만, 카르텔에 참여한 2 이상의 형벌감면신청자가 공동으로 증거를 제공하는 경우에도 이들이 사업자로서 제5조 제3항 단서에 따라 실질적 지배관계에 있는 계열회사이거나 회사의 분할 또는 영업양도의 당사회사에 해당하는 것으로 인정되면 단독으로 제공한 것으로 본다.
2. 검찰이 카르텔에 대한 정보를 입수하지 못하였거나 카르텔을 입증하는데 필요한 증거를 충분히 확보하지 못한 상태에서 형벌감면 신청을 하였을 것
3. 카르텔과 관련된 사실을 모두 진술하고, 관련 자료를 제출하는 등 검찰의 수사 및 재판이 끝날 때까지 성실하게 협조하였을 것
4. 그 카르텔을 중단하였을 것

② 검찰이 수사에 착수한 후 검찰의 수사 및 재판에 협조한 형벌감면신청자가 다음 각 목의 모두에 해당하는 경우에는 제1순위자로 인정된다.

1. 검찰이 카르텔에 대한 정보를 입수하지 못하였거나 카르텔임을 입증하는데 필요한 증거를 충분히 확보하지 못한 상태에서 검찰의 수사 및 재판에 협조하였을 것
2. 제1항 제1호, 제3호, 제4호에 해당할 것

③ 검찰이 수사에 착수하기 전에 형벌감면 신청을 하거나 또는 검찰이 수사에 착수한 후에 검찰의 수사 및 재판에 협조한 자로서 다음 각 목의 모두에 해당하는 경우에는 제2순위자로 인정된다.

1. 카르텔을 입증하는데 필요한 증거를 단독으로 제공한 두 번째의 자일 것. 다만, 카르텔에 참여한 2 이상의 형벌감면신청자가 공동으로 증거를 제공하는 경우에도 이들이 사업자로서 제5조 제3항에 따라 실질적 지배관계에 있는 계열회사이거나 회사의 분할 또는 영업양도의 당사회사에 해당하는 것으로 인정되면 단독으로 제공한 것으로 본다.
2. 제1항 제3호 및 제4호에 해당할 것

제7조(카르텔 입증에 필요한 증거 여부에 대한 판단기준)

① 제6조의 "카르텔을 입증하는데 필요한 증거"에 해당하는지 여부는 형벌감면신청자가 제출한 증거를 전체적으로 고려하여 판단한다. 다만, 다음 각 호의 하나의 증거를 제출한 경우 이에 해당하는 것으로 볼 수 있다.

1. 당해 카르텔에 참여한 사업자들 간에 작성된 합의서, 회의록, 내부 보고자료 등 합의 내용, 성립과정 또는 실행사실을 직접적으로 입증할 수 있는 자료
2. 당해 카르텔에 참여한 사업자 또는 그 임직원의 확인서, 진술서 등 담합행위를 할 것을 논의하거나 실행한 사실을 육하원칙에 따라 구체적으로 기술한 자료 및 관련 사실을 입증할 수 있는 구체적 자료
3. 관련 사실을 입증할 수 있는 구체적 자료가 없는 경우라도 진술서 등 신청사실을 충분히 인정할 수 있는 자료. 다만, 이 경우 검찰의 수사과정에서 진술하는 내용이 당해 카르텔의 합의내용, 성립과정 또는 실행사실을 입증하는데 충분하여야 한다.

② 전항의 증거는 문서, 녹음테이프, 컴퓨터파일 등 그 형태나 종류에는 제한이 없다.

제8조(성실한 협조 여부에 대한 판단기준)

① 제6조 제1항 제3호의 "성실하게 협조"하였는지 여부는 다음 각 호의 사유를 종합적으로 고려하여 판단한다.

1. 형벌감면신청자가 알고 있는 당해 담합행위와 관련된 사실을 지체없이 모두 진술하였는지 여부
2. 당해 카르텔과 관련하여 형벌감면신청자가 보유하고 있거나 수집할 수 있는 모든 자료를 신속하게 제출하였는지 여부
3. 사실 확인에 필요한 검찰의 요구에 신속하게 답변하고 협조하였는지 여부
4. 형벌감면신청자의 소속 임직원이 검찰 수사와 형사재판(법정 출석 포함) 과정에서 지속적이고 진실하게 협조할 수 있도록 최선을 다하였는지 여부
5. 당해 카르텔과 관련된 증거와 정보를 파기, 조작, 훼손, 은폐하였는지 여부

② 형벌감면신청자가 형사재판 확정 이전에 검찰의 동의 없이 형벌감면 신청 및 관련 사실을 제3자에게 누설한 경우에는 성실하게 협조하지 않은 것으로 본다. 다만, 형벌감면신청자가 형벌감면 신청 및 관련사실을 법령에 따라 공개하거나 외국정부에 알리는 등 불가피한 사정이 있는 경우에는 그러하지 아니하다.

③ 형벌감면신청자가 사업자인 경우, 소속 임직원이 제6조 제1항 제3호에서 규정한 지속적이고 성실한 협조를 다하지 않은 경우에는 해당 형벌감면신청자는 협조하지 않은 것으로 본다.

제9조(카르텔 중단 여부에 대한 판단기준)

① 형벌감면신청자는 형벌감면 신청 후 즉시 카르텔에 참여한 다른 사업자에 대하여 카르텔에 기한 합의에서 탈퇴하였음을 알리는 의사를 표시하고 그 합의에 따른 카르텔을 중단하여야 하며, 이를 확인할 수 있는 자료를 대검찰청 반부패강력부에 제출하여야 한다. 다만, 위 탈퇴 의사 표시와 카르텔의 중단 시점은 형벌감면 신청 과정에서 검찰과 협의하여 일정 기간 유예될 수 있다.

② 형벌감면신청자가 신청 전 다른 사업자에 대하여 합의에서 탈퇴하였

음을 알리는 의사를 표시하고 카르텔을 중단하였을 경우 그 사실을 확인할 수 있는 자료를 형벌감면 신청시 대검찰청 반부패강력부에 제출하여야 한다.
③ 형벌감면신청자가 탈퇴의 의사를 표시한 이후 기존 합의에 따른 카르텔을 하였을 경우 그 탈퇴의 의사표시는 효력이 없는 것으로 본다.

【제6조(형벌감면의 요건)】

1. 형사리니언시의 유형

형사리니언시는 신청 당시 검찰에서 관련 정보 등을 확보하고 있는지 여부에 따라서 그 유형을 나눌 수 있다. 즉, 검찰에서 당해 카르텔에 대해서 제대로 인식하지 못한 상태에서 리니언시 신청이 이루어지는 경우를 'Type A', 검찰에서 당해 카르텔에 대해서 인식하고 관련 정보 등을 어느 정도 확보한 이후에 리니언시 신청이 신청이 이루어진 경우를 'Type B'라고 할 수 있다. 이처럼 리니언시의 유형을 구별하는 이유는 후술하는 바와 같이 그 요건과 판단에 있어서 차이가 생길 수 있기 때문이다.[9]

미국 연방검찰의 경우에는 어떤 유형의 리니언시든지 원칙적으로 제1순위 신청인에게만 인정하고 있다. 하지만, 한국의 현행 공정거래법은 제2순위자에게도 리니언시를 인정하고 있기 때문에 검찰의 가이드라인에서도 제2순위자가 리니언시를 신청할 수 있도록 하였다. 다만, 제2순위자에게도 형벌을 완전 면책하는 것은 과

9) 미국 연방검찰의 가이드라인에서도 리니언시의 유형을 'Type A'와 'Type B'로 구분하고 있는데, 대체로 한국 검찰의 가이드라인과 유사하다고 볼 수 있다. DOJ, Frequently asked Questions about the Antitrust Division's Leniency Program and Model Leniency Letters (2017), pp. 3-4.

도한 혜택이라는 비판이 있어 왔기 때문에 가이드라인에서는 제1순위자에게만 형의 면책을 보장하고 제2순위자에게는 형의 면책이 아닌 감경만 인정하고 있다(본서에서는 이를 'Type C'라고 지칭하기로 한다).

공정거래위원회의 자진신고제 비교

현재 공정거래위원회의 실무는 제2순위 자진신고자도 고발을 면제하고 있다. 그런데, 검찰의 제2순위 형사리니언시 신청인은 형의 감경에 그치기 때문에 제2순위 자진신고자에게 불리한 영향을 미칠 수 있다는 오해가 있다. 하지만, 자진신고와 형사리니언시는 별개의 제도이기 때문에 상호 불리하게 작용하지 못한다. 예컨대, 정당한 제2순위 자진신고자가 검찰에 제2순위로 형사리시언시를 신청한 경우에는 전속고발제에 따라 기소가 되지 않을 것이기 때문에 가이드라인에 따른 형의 감경은 적용될 여지가 없다. 제3순위 자진신고자가 검찰에 제1순위나 제2순위로 형사리니언시를 신청한 경우에도 가이드라인에 따라 그에 대한 형의 감면이 이루어질 것이지만, 형사리니언시를 신청하지 않은 정당한 자진신고자의 지위에는 영향을 미치지 않는다. 요컨대, 가이드라인은 현행 자진신고제보다 형사제재의 감면 대상을 확대하는 것이지 축소하는 것이 아니다.

다만, 현행 공정거래위원회의 실무가 바람직한 것인지는 의문이다. 현행 공정거래법상 자진신고자에 대한 고발 면제는 '임의규정'이다. 공정거래법 시행령에서는 제2순위 자진신고자에 대해서는 과징금 등 행정제재를 면제하는 대신 감경하고 있으며, 고발 면제에 대한 규정은 두고 있지 않다. 그런데, 공정거래위원회는 법률의 명확한 위임도 없이 관련 고시에서 제2순위 자진신고자에 대해서 고발을 면제하고 있다. 공정거래위원회의 고발 여부는 형사집행에 적지 않은 영향을 미친다. 그럼에도 불구하고, 공정거래위원회는 형사집행을 담당하는 법무부나 검찰과 심도 깊은 협의 없이 고시 차원에서 제2순위자까지 고발을 면제하고 있는 것이다. 원래, 리니언시 제도의 취지는 실용적 니즈(needs)에 따라서 정의론적 당위를 한 발 물리는 것이다. 즉, 실효적인 카르텔 법집행이 가능한 상태라면, 더 이상 리니언시를 확대해서는 아니 된다. 사법경쟁당국이 전문성에 기반하여 엄정히 법집행에 임한다면, 제1순위 리니언시 신청인으로부터 필요한 정보와 증거를 확보할 수 있는 경우가 많다. 이러한 경우에도 공정거래위원회가 고시 차원에서 제2순위 자진신고자에 대한 형사집행을 봉쇄하려는 것은 리니언시제도의 취지나 입법론상으로 맞지 않다. 이러한 점을 고려하여, 법무부와 공정거래위원회가 합의한 공정거래법 개정안에서도 제2순위 리니언시 신청인에 대해서는 형의 면책이 아닌 감경을 하는 것으로 되어 있으며, 검찰의 가이드라인도 위 약속을 충실히 이행하는 차원에서 만들어진 것이다.

2. 제1순위 형사리니언시의 요건

가. Type A(제1항)

(1) 제1순위 신청(제1호)

카르텔 관련 정보 등을 제공한 최초의 신청인이어야 한다. 만약 제1순위 신청 이전에 이미 검찰에서 카르텔을 입증하는데 필요한 정보와 증거를 충분히 확보한 상태라면, 모든 유형의 형사리니언시는 불가능하다. 이러한 경우에도 형사리니언시를 인정한다면, 정의와 형평에 반하기 때문이다. 형사리니언시는 단독으로 신청하는 것이 원칙이지만, 공동신청이 인정될 경우에는 예외적으로 둘 이상의 기업도 신청의 단독성이 인정된다.

(2) 신청 시점(제2호)

제1항 본문에서는 '검찰이 수사에 착수하기 전'에 형사리니언시를 신청할 것을 요건으로 하고 있다. 나아가, 제2호에서는 '검찰이 카르텔에 대한 정보를 입수하지 못하였거나 카르텔을 입증하는데 필요한 증거를 충분히 확보하지 못한 상태'를 수사 착수 시점에 관한 기준으로 제시하고 있다.

공정거래위원회는 자진신고 관련 고시에서 '조사 개시' 전후로 행정리니언시의 유형을 구분하고 있다. 그런데, 검찰의 가이드라인과는 달리 공정거래위원회의 고시는 조사 개시 시점을 「당해 공동행위에 참여한 혐의로 1인 이상의 사업자에게 구두, 전화, 서면 등의 방법으로 자료제출 요구, 사실관계 확인, 출석 요구 또는 현장조사 등을 실시한 때」로 한정하고 있다.[10] 즉, 공정거래위원회의 조사 활동이 외부로 표출된 때에만 비로소 조사 개시로 보는 것이다. 이는 조사 개시의 개념을 명확히 한다는 측면에서는 긍정적으로 보일 수도 있으나, 실제로는 정의와 형평에 반할 수 있다. 예컨대, 사법경쟁당국에서 내부적으로 카르텔에 대한 정보와 증거가 수집되어 법집행이 가능한 상태라면, 더 이상 리니언시 신청을 받을 실익이 없으며 선순위 신청인이라는 이유만으로 리니언시를 인정하는 것은 부당한 혜택이라는 비판을 피할 수 없을 것이다.

따라서, 가이드라인 제6조에서 규정한 '수사'에는 검찰 내부의 내사나 정보수집 활동도 포섭하는 것으로 해석하는 것이 상당하다.[11] 미국 연방검찰의 가이드라인에서도 Type A leniency는 '수사개시 전'(before an investigation has begun)에 적용되는 것으로 표현하면서 그 구체적인 요건에서는 '반독점국이 당해 불법행위에 대한 정보를 입수하지 못한 상태'(the Division has not received information about the illegal activity being reported from any other source)라며

10) 검찰의 가이드라인에서는 공정거래위원회처럼 '수사 착수' 시점을 대외적 활동으로 한정하는 규정을 두고 있지 않다.

11) 물론 법리상 협의의 수사는 내사와 구별된다. 하지만, 실무상으로는 양자의 구분이 항상 명확하지 않고, 이를 엄격히 구분하지 않는 나라들도 적지 않다. 그래서 국내외 공개를 염두에 둔 가이드라인에서는 '수사'(investigation)로 용어를 단일화한 것이다.

그 의미를 밝히고 있다.[12] 한국 검찰의 가이드라인에서 리니언시 요건과 관련하여 공정거래위원회와는 달리 증거뿐만 아니라 정보를 중요한 판단 요소로 명기한 것도 미국 연방검찰과 비슷한 취지라고 할 수 있다.[13]

다만, 본호에서 '정보 입수'뿐만 아니라 '증거 확보' 여부도 판단 요소로 언급함으로써 Type B 관련 규정과 표현이 중복되는 단점이 있다. 이는 양 유형을 보다 유연하게 적용하여 형사리니언시 신청인에게 폭넓은 혜택을 부여하고자 한 취지로 보인다. 하지만, 기술한 바와 같이 '수사 착수'의 의미를 내사 내지 정보수집까지 아우르는 것으로 해석할 경우 Type A의 신청 시점 기준을 '정보 입수' 전으로 한정하는 것이 논리적으로 자연스럽다.[14] 이 경우 Type A의 적용 대상이 다소 적어질 수는 있으나, 그만큼 Type B의 적용 범위가 늘어나게 되고 양자의 적용 효과는 차이가 없으므로 신청인에게 부정적인 영향은 없을 것으로 생각된다.[15]

---

12) DOJ, p. 4.

13) 공정거래위원회는 자진신고 관련 고시의 해당 규정에서 '증거'에 대해서만 규정하고, '정보'에 대해서는 다루지 않고 있다.

14) 미국 연방검찰의 가이드라인에서도 Type A는 '정보 입수 전', Type B는 '증거 확보 전'을 주된 구별 기준으로 삼고 있다. DOJ, pp. 4-5. 다만, 실무상 정보와 증거가 항상 명확하게 구분되는 것은 아니다. 예컨대, 카르텔 가담자가 관련 정보를 진술하였을 경우 위 진술은 정보이자 증거로서의 성격도 가진다. 또한, Type A에서도 신청인에게 정보의 가치를 판단하기 위해서 관련 자료 제출을 요구할 경우가 많을 것이며, 위 자료 역시 증거로 활용될 가능성이 크다. 한국 검찰의 가이드라인에서 정보와 증거를 동시에 언급한 것은 위와 같은 사정을 고려한 것이라고 할 수 있다.

15) 가이드라인은 개정 절차가 간소하기 때문에 향후 위와 같은 취지가 보다 분명하게 드러날 수 있도록 표현이 보정될 것으로 기대한다(예컨대, '증거'에 관한 부분은 생략하는 방안 등을 고려할 수 있다). 가이드라인 개정이 이루어지기 전에도 위와 같은 해석과 적용은 가능하기 때문에 실무상 Type A는 주로 정보 입수 전, Type B는 주로 증거 확보 전에 적용될 것으로 예상된다.

(3) 협조 이행(제3호)

형사리니언시를 신청한 카르텔과 관련된 사실을 모두 진술하고, 관련 자료를 제출하는 등 검찰의 수사 및 재판이 끝날 때까지 성실하게 협조하여야 한다. 성실한 협조 여부에 대한 판단기준에 대해서는 후술하는 제8조에서 밝히고 있다.

(4) 카르텔 중단(제4호)

형사리니언시를 신청한 카르텔을 중단하여야 한다. 만약 형사리니언시를 신청한 이후에도 지속적으로 카르텔에 참여하여 불법적인 수익을 올린 사실이 밝혀지면 리니언시 혜택을 받을 수 없다.

카르텔의 구성원이자 기업리니언시 신청의 주체는 자연인으로서의 개인이 아닌 기업(사업자)이다. 기업이 형사리니언시를 요청하기 위해서는 불법행위를 인지한 즉시 이를 중단하기 위해서 즉각적이고 효과적인 조치를 취해야 함이 원칙이다. '불법행위의 발견' 시점을 언제로 보아야 할 것인지는 사안마다 달라질 수 있다. 예컨대, 미국 연방검찰의 경우 과거에는 카르텔 실행에 가담한 임직원이 불법행위를 인식하면서 카르텔에 가담했을 가능성이 크기 때문에 기업의 리니언시 자격을 부정하는 견해도 있었지만, 최근에는 이사회 또는 기업 담당 변호사가 문제되는 행위에 대하여 최초로 알게 된 때를 '발견' 시점으로 보고 있다. 또한, 불법행위 중단을 위한 '즉각적이고 효과적인 조치'를 인정받기 위해서는 당해 기업 또는 고위 임원이 불법행위 중단을 위해 모든 조치를 취해야 하며, 소속 임직원이 계속하여 불법행위를 지속하면 불법행위의 중단을 인정받지 못할 수 있다고 밝히고 있다.[16] 위와 같은 내용

---

16) 이는 이사회 또는 기업을 대표하는 관리자들이 법률적 이슈를 인지한 경우 필요한 조치를 통해 불법행위를 즉각 중단하게 하기 위함이다. 기업이 불법행위를 발견하

은 한국 검찰의 가이드라인에도 대부분 적용될 수 있다. 다만, 위 가이드라인에서는 형사리니언시 신청 후 카르텔을 중단하는 것도 원칙적으로 허용함으로써 미국 연방검찰보다 유연하게 카르텔 중단을 인정할 여지가 있다. 카르텔의 중단 여부를 판단할 수 있는 기준에 대해서는 후술하는 제9조에서 밝히고 있다.

가이드라인의 카르텔 관련 규정들은 원칙적으로 기업리니언시 신청인을 염두에 두고 만들어진 것이지만, 개인리니언시 신청인도 더 이상 카르텔에 가담하는 행위를 그만두어야 할 당위성은 마찬가지이다. 따라서, 개인리니언시 신청인도 임의로 카르텔 가담 행위를 지속했을 경우에는 형벌감면 혜택이 부정될 가능성을 배제할 수 없다. 다만, 개인리니언시 신청인의 노출을 막고 수사의 밀행성을 유지하기 위해서 사전에 검찰과 협의하여 카르텔에서 빠져나오는 시기와 방법을 유연하게 정하는 것은 가능할 것이다.

나. Type B(제2항)

(1) 신청 시점(제1호)

Type B는 Type A와 달리 검찰의 '수사 착수 후'에 형사리니언시 신청이 이루어질 것을 요건으로 하고 있으며, 본호에서는 그 의미를 구체적으로 설시하고 있다. 기술한 바와 같이, 본호의 표현이 Type A와 다소 중복되는 면은 있으나, 실무상 Type B는 검찰에서 당해 카르텔에 대한 정보는 어느 정도 입수하여 수사에 착수한 것으로 볼 수 있으나, 유죄를 입증할 수 있을 정도로 충분한

고도 반독점국에 신고를 게을리하거나, 문제가 있는 직원들을 교체하지 않는 등 부적절한 관리감독을 할 경우에는 리니언시를 인정받지 못할 수도 있다. DOJ, pp. 12-15.

증거를 확보하지 못한 상태에서 접수된 형사리니언시 신청 사안에 주로 적용될 것이다.[17)]

(2) 기타 요건(제2호)

신청 시점 외에는 나머지 Type A의 요건을 모두 만족해야 한다. 즉, 카르텔을 입증하는데 필요한 증거를 제공하는 제1순위 신청인으로서 카르텔과 관련된 사실을 모두 진술하고 협조 의무를 이행해야 하며 당해 카르텔을 중단해야만 형사리니언시를 인정받을 수 있다.

3. 제2순위 형사리니언시의 요건(제3항)

가이드라인은 현행 공정거래법의 틀을 유지하는 차원에서 제2순위자에게도 형사리니언시를 신청할 수 있도록 하는 한편, 과도한 혜택을 제한하기 위해서 형벌의 면책 대신 감경을 형사리니언시의 효과로 규정하고 있다는 점은 앞서 설명한 바와 같다. 그런데, 이러한 제2순위 형사리니언시(Type C)에서는 제1순위 형사리니언시(Type A/B)와는 달리 그 신청 시점에 따라 유형이나 요건을 세분하지 않고, 수사개시 전후에 모두 신청할 수 있는 것처럼 규정되어 있다. 하지만, Type C는 선순위 신청인이 있었음을 전제로 하기 때문에 그 신청 당시에는 이미 검찰에서는 당해 카르텔에 관한 정보를 어느 정도 획득했을 가능성이 크다.[18)] 나아가, 기술한

17) 향후 가이드라인 개정 과정에서 위와 같은 실무례가 보다 분명하게 드러날 수 있도록 본호의 표현이 수정될 것으로 기대한다(예컨대, '정보'에 관한 부분은 생략하는 방안 등을 고려할 수 있다). 또한, 본 조항에서 '검찰의 수사 및 재판 협조'와 관련된 중복된 표현도 간결히 정리하는 것이 바람직할 것이다.

18) 특히 제1순위 신청이 Type B일 경우에는 검찰에서 정보뿐만 아니라 증거자료까지 어느 정도 확보했을 가능성이 있다.

바와 같이 '수사 착수' 시점을 넓게 해석한다면, 정보 획득 시점에는 사실상 수사가 개시된 것으로 보아야 할 것이다. 가이드라인은 형사리니언시 시행 초기에 가급적 그 적용 범위를 탄력적으로 확대하기 위해서 요건을 포괄적으로 규정한 것이나, 논리적으로나 실무적으로 Type C가 '수사 착수 전'이 적용될 가능성은 희박할 것이다.[19]

(1) 제2순위 신청(제1호)

카르텔을 입증하는데 필요한 증거를 제공한 '두 번째' 신청인이어야 한다. 제2순위 신청인은 선순위 신청인에 비해서 유의미한 자료를 제공해야만 위 '필요한 증거'를 제공한 것으로 인정받을 수 있을 것이다. 만약, 선순위 신청 과정에서 이미 검찰이 카르텔을 입증하는데 필요한 증거를 모두 확보하였다면, 그 이후에는 제2순위 신청을 할 수 없다. 기술한 바와 같이, 더 이상 형사리니언가 활용될 명분과 논리가 없기 때문이다. Type C도 Type A/B와 마찬가지로 단독신청이 원칙이며, 공동신청이 인정될 경우에만 둘 이상의 기업도 단독성이 인정된다.

(2) 기타 요건(제2호)

신청 순위 외에 Type C의 요건은 Type A/B와 대부분 일치한다. 즉, 카르텔과 관련된 사실을 모두 진술하고 협조 의무를 이행해야 하며 당해 카르텔을 중단해야만 형사리니언시를 인정받을 수 있다.

---

19) 향후 리니언시 개정 과정에서 제3항 본문에서 '수사 착수 전'에 해당하는 부분은 생략해도 무방할 것이다.

【제7조(카르텔 입증에 필요한 증거 여부에 대한 판단기준)】

1. 증거의 예시(제1항)

형사리니언시 신청인이 제출한 증거가 당해 카르텔을 입증하는데 필요한 증거에 해당하는지 여부는 제출된 증거를 전체적으로 고려하여 판단해야 한다. 다만, 본항 각 호에서는 위 증거에 해당할 수 있는 예시를 나열하고 있다. 즉, ① 카르텔에 참여한 사업자들 간에 작성된 합의서, 회의록, 내부 보고자료 등 합의 내용, 성립과정 또는 실행사실을 직접적으로 입증할 수 있는 자료, ② 카르텔에 참여한 사업자 또는 그 임직원의 확인서, 진술서 등 담합행위를 할 것을 논의하거나 실행한 사실을 육하원칙에 따라 구체적으로 기술한 자료 및 관련 사실을 입증할 수 있는 구체적 자료, ③ 관련 사실을 입증할 수 있는 구체적 자료가 없는 경우라도 진술서 등 신청사실을 충분히 인정할 수 있는 자료 등은 카르텔을 입증하는데 필요한 증거로 볼 수 있다. ①은 카르텔의 형성 및 실행 과정에서 작성된 직접적인 증거로서 사실상 객관적 물증에 가깝기 때문에 증거로서의 가치가 가장 높다. ②는 사후적으로 작성된 진술증거로서 ①에 비해서는 객관성이 다소 떨어질 수 있으나, 카르텔 가담자의 진술이기 때문에 여전히 직접적인 증거로서 가치가 높다. ③은 앞선 예시에는 해당하지 않으나 상당한 가치를 지닌 증거를 포섭하기 위한 규정이라고 볼 수 있다. 예컨대, 카르텔의 공범 내지 직접 가담자는 아니나, 카르텔의 형성과 실행 과정을 목격한 제3자의 진술 등을 생각할 수 있다.

2. 증거의 형식(제2항)

증거의 형태에 대해서는 특별한 제한이 없다. 따라서 문서뿐만 아니라 녹음테이프, 컴퓨터파일 등 검증이 가능한 다양한 형태의 증거를 제출할 수 있다.

증거가치 판단시 고려 요소

형사리니언시 신청인이 제출한 증거가 당해 카르텔을 입증하기에 부족한 경우에는 리니언시의 요건을 충족하지 못할 수 있다. 실질적인 의미 없이 이른바 '보험용'으로 공정거래법상 자진신고제를 이용하는 사례도 발생하는 것으로 알려져 있는데, 보험용 자진신고가 남발되면 리니언시제도의 효율성이 저하될 우려가 있기 때문에 리니언시 신청인이 제공한 증거의 가치는 신중히 평가해야 한다. 다만, 너무 높은 기준을 설정하여 증거가치를 판단하게 되면, 리니언시 신청인이 요건 불충족을 이유로 제재를 피할 수 없게 될 우려가 있다. 나아가, 이러한 사례가 누적될수록 예측가능성 또한 저하되어 궁극적으로는 리니언시제도 자체가 형해화될 수도 있다.

그러므로, 입증의 '충분성'에만 매몰되지 말고 자료 제공의 '성실성' 내지 '충실성'까지 종합적으로 고려하여 증거가치를 판단해야 한다. 형사리니언시 신청인이 수사의 주요 단서를 제공하고 보유하고 있는 증거자료를 충실히 제공하였다면, 일응 '필요한 증거 제출'의 요건을 충족시켰다고 볼 여지가 있다. 비록 형사리니언시 신청 단계에서는 유죄 입증에 필요한 증거를 충분히 제출하지 못하였더라도 신청인이 성실히 제공한 자료에 기반해서 수사를 진행하여 증거를 보완하고 형사집행이 이루어졌다면 가급적 형사리니언시를 인정하는 것이 바람직할 것이다. 특히, 형사리니언시 신청의 순위가 앞설수록 증거가치에 대한 판단은 완화될 것이다. 따라서, Type A에 대해서 관련 요건의 문턱이 가장 낮아지고, Type B, Type C로 갈수록 보다 엄격하게 증거가치 등을 판단하게 될 것이다.

【제8조(성실한 협조 여부에 대한 판단기준)】

1. 판단 요소(제1항, 제3항)

형사리니언시 신청인이 성실한 협조를 다하였는지 여부는 다음 사유들을 종합적으로 고려하여 판단한다. 즉, 신청인이 ① 알고 있는 사실을 지체없이 모두 진술하였는지, ② 보유하고 있거나 수집할 수 있는 모든 자료를 신속하게 제출하였는지, ③ 사실 확인에 필요한 검찰의 요구에 신속하게 답변하고 협조하였는지, ④ 소속 임직원이 검찰 수사와 형사재판 과정에서 지속적이고 진실하게 협조할 수 있도록 최선을 다하였는지, ⑤ 관련 증거와 정보를 파기, 조작, 훼손, 은폐하지는 않았는지 등을 모두 살펴보아야 한다.

카르텔 형사집행은 최종적으로 재판에서 유죄 선고가 확정되어야만 실현될 수 있기 때문에 형사리니언시 신청인은 수사뿐만 아니라 재판에서도 성실히 협조하여야 한다.[20] 예컨대, 수사 단계에서는 중요한 진술을 하는 등 협조하는 모습을 보였다고 하더라도 재판 단계에서 진술을 거부하거나 번복하여 공소유지가 실패하게 되었다면 형사리니언시를 받을 수 없다. 특히, 기업리니언시의 경우 소속 임직원이 지속적이고 성실한 협조를 다하지 않은 경우에는 신청인인 기업 본인이 협조하지 않은 것으로 간주되어 기업리니언시 전체가 부정될 수 있음을 유의해야 한다.[21] 또한, 증거인멸 등에 대해서는 형사리니언시 배제뿐만 아니라 별도의 범죄

20) 본조 제1항 제4호의 '소속 임직원 협조'는 기업리니언시를 염두에 둔 것이나, 개인리니언시의 경우에도 수사는 물론 재판 과정에서도 협조할 의무가 있다.

21) 일부 임직원의 일방적인 일탈이나 비협조로서 기업측에 고의와 과실이 없을 경우에는 예외적으로 기업의 협조 의무 이행이 부정되지 않을 수도 있다. 다만, 당해 임직원의 진술 등이 카르텔 입증에 필수적인 증거일 경우에는 '필요한 증거 제출' 요건이 충족되지 않아 형사리니언시가 부정될 가능성은 여전히 있다.

수사와 처벌이 이루어질 수 있으므로 각별히 경계해야 한다.

2. 신청인의 비밀유지의무(제2항)

형사리니언시 신청인이 형사재판 확정 이전에 검찰의 동의 없이 신청과 관련된 사실을 제3자에게 누설한 경우에는 성실하게 협조하지 않은 것으로 본다. 위 사실이 누설될 경우에는 물적 증거를 파기하거나 진술 증거를 조작하는 등 각종 증거인멸이 이루어질 수 있기 때문이다. 특히, 형사리니언시 신청 직후 신청인을 제외한 카르텔 가담 기업이나 개인에 대해서는 압수수색이 이루어질 가능성이 크기 때문에 초동 단계일수록 신청인의 비밀유지의무와 그 위반으로 인한 불이익의 정도가 클 수 있다.

다만, 신청인이 법령에 따라 위 사실을 공개하거나 외국정부에 알리는 등 불가피한 사정이 있는 경우에는 의무 위반이 아니다. 예컨대, 외국 사법기관으로부터 형사사법공조 요청이 있을 경우 관련 절차에서 신청인이 자발적으로 당해 카르텔에 대한 진술을 하거나 자료를 제출하는 것은 조약과 법령에 따른 행위로서 불이익을 받지 않는다. 이때 검찰에서는 형사사법공조에 협조한 신청인이 외국 사법경쟁당국으로부터도 불이익을 받지 않도록 최대한 노력해야 한다. 예컨대, 국제카르텔의 경우 복수의 국가에서 관할을 가지기 때문에 한국 검찰에 형사리니언시를 신청한 기업이나 개인에 대해서 외국 정부로부터 형사사법공조 요청이 들어올 수 있는데, 각 나라가 고유한 법집행 주권을 가지므로 한국 검찰이 형사리니언시를 부여한 기업이나 개인이 외국에서도 당연히 책임을 감면받는 것은 아니다. 하지만, 형사리니언시 신청인이 외국에서 과도한 제재를 받는다면, 국내외 사법당국에 협력을 꺼리게 되어 형사리니언시제도나 형사사법공조제도가 효과적으로 작동될 수 없게 될 것이다. 따라서, 사법경쟁당국은 상호 신뢰를 바탕으로 과잉제재가 이루어지지 않도록 함께 노력해야 한다.[22)]

【제9조(카르텔 중단 여부에 대한 판단기준)】

1. 형사리니언시 신청 후 중단(제1항)

신청인이 카르텔에 참여하고 있는 상태에서 형사리니언시를 신청한 경우에는 신청 후 즉시 카르텔을 중단하여야 한다. 중단의 방법은 신청인이 카르텔에 참여한 다른 기업에 대하여 카르텔 합의에서 탈퇴하였음을 알리는 의사를 표시하고 그 합의에 따른 카르텔을 중단하는 것이다. 또한, 위 사실을 확인할 수 있는 자료를 검찰에 제출하여야 한다. 다만, 위 탈퇴 의사표시와 카르텔의 중단 시점은 형사리니언시 신청 과정에서 검찰과 협의하여 일정 기간 유예될 수 있다. 예컨대, 카르텔 중단 과정에서 신청인이 노출되거나 수사의 밀행성을 해칠 우려가 있을 때에는 당분간 신청인이 카르텔 참여 상태를 유지하도록 검찰과 협의할 수 있다. 실무상으로는 수사의 밀행성과 증거 확보 차원에서 검찰의 압수수색이 이루어질 때까지는 카르텔 중단이 유예될 가능성이 클 것이다.

---

22) 실제로, 한국 검찰과 미국 연방검찰이 형사사법공조나 공조수사를 진행하면서 적법한 범위 안에서 최대한 정보를 공유하면서 양측 수사에 협조한 기업이나 개인에 대해서는 과잉 제재가 이루어지지 않도록 상호 선처를 구하고 위 요청이 반영이 된 사례들이 있다. 이를 위해서는 무엇보다 양 기관 사이에 '국내외 기업이나 개인을 차별하지 않고 합리적인 범위에서 엄정히 형사집행을 한다'는 신뢰를 구축하는 것이 중요하다.

2. 형사리니언시 신청 전 중단(제2항)

신청인이 이미 카르텔을 중단한 상태에서 형사리니언시를 신청한 경우에는 그 사실을 확인할 수 있는 자료를 신청 시점에 검찰에 제출하면 된다. 카르텔 중단의 방법은 전항에서 설시한 바와 같다.

3. 중단의 무효(제3항)

형사리니언시 신청인은 카르텔을 중단한 후 이를 번복해서는 아니 된다. 만약, 신청인이 카르텔 탈퇴의 의사를 표시한 이후 기존 합의에 따른 카르텔을 재개하였을 경우 위 탈퇴는 효력이 없는 것으로 간주되며, 카르텔 중단 요건이 부정되어 형사리니언시를 받을 수 없게 된다.

제3절 형벌감면 결정

제10조(형벌감면의 결정)

① 제6조 제1항 또는 제2항에 따른 제1순위 형벌감면신청자는 기소하지 아니한다.

② 제6조 제3항에 따른 제2순위 형벌감면신청자는 100분의 50을 감경하여 구형한다.

③ 카르텔로 인하여 형사처벌의 대상이 된 자가 그 카르텔 외에 그 자가 관련되어 있는 다른 카르텔에 대하여 제6조 제1항 또는 제2항의 각 요건을 충족하는 경우에는 당해 카르텔에 대하여 다시 형을 감경할 수

있다.
④ 검사는 형벌감면을 결정하기 전에 이와 관련하여 대검찰청 반부패강력부와 협의하여야 한다.

제11조(형벌감면의 제한)
① 제10조에 따라 형벌감면을 받은 자가 그 감면받은 날부터 5년 이내에 재범한 경우에는 형벌감면을 하지 아니한다. 이 경우 형벌감면이 제한되는 기간의 기산일은 관련 형사사건 재판 확정일을 기준으로 한다.
② 제6조의 규정에 해당하는 자라도 다른 카르텔 참여자에게 그 의사에 반하여 해당 카르텔에 참여하도록 강요하거나 이를 중단하지 못하도록 강요한 사실이 있는 경우 또는 일정기간 동안 반복적으로 카르텔을 한 경우에는 제10조에 따른 감경 또는 면제를 하지 아니한다.
③ 제6조 제3항 해당하는 자로서 다음 각 호의 어느 하나에 해당하는 경우에는 제10조 제2항에 따른 감경을 하지 아니한다.
1. 2개 사업자가 카르텔에 참여하고 그 중의 한 사업자인 경우. 이 경우, 2개 사업자가 카르텔에 참여하였는지 여부는 당해 카르텔의 종료일을 기준으로 판단한다.
2. 제6조 제1항 또는 제2항에 해당하는 자의 제1순위 형벌감면 신청이 접수된 날부터 2년이 지나 형벌감면 신청을 한 사업자인 경우

제12조(형벌감면의 변경)
① 형벌감면신청자가 관련 형사재판에서 진술을 번복하는 등 형벌감면 결정을 계속 유지하기 어려운 사정이 발생한 경우, 수사 검찰청은 형벌감면신청자에게 관련 사실을 통지하고 14일간의 유예기간을 부여한다. 위 유예기간 내에 새로운 사정 변경이 없는 한 대검찰청의 승인을 받아 아래 각 호에 따라 처리한다.
1. 제1순위 형벌감면신청자는 지체 없이 기소한다.
2. 제2순위 형벌감면신청자는 담당 재판부에 그 사유를 기재한 의견서

> 를 제출하고, 새로운 구형량을 정하여 구형한다.
> ② 제1항에 따라 제1순위 또는 제2순위 형벌감면신청자가 형벌감면을 받을 수 없게 되더라도 그 보다 후순위 형벌감면신청자에 대하여는 영향을 미치지 아니한다.
>
> **제13조(비밀유지 의무)**
> 검찰청 및 그 소속 공무원은 형벌감면신청자가 동의하는 경우를 제외하고는 형벌감면신청자의 신원·제보 내용 등 신청 또는 제보와 관련된 정보 및 자료를 관련 사건 처리와 관계없는 자에게 제공하거나 누설하여서는 아니된다.

【제10조(형벌감면의 결정)】

1. 형사리니언시의 효과(제1항, 제2항)

형사리니언시의 법적 효과는 형벌을 면제하거나 감경하는 것이다. 헌법과 형사소송법에 따라 기소권은 검사만 행사할 수 있고, 법원은 검사의 기소가 있어야만 유·무죄에 대한 판단을 할 수 있다. 즉, 재판부가 임의로 기소 대상이나 처벌 대상을 정할 수 없고 검사의 기소 여부에 따라 재판 대상이 정해지게 되는데, 이를 '불고불리'의 원칙이라고 한다. 이 원칙에 근거하여, 제1순위 형사리니언시(Type A/B) 대상자에 대해서는 검사가 기소권을 행사하지 않는 방식으로 재판과 처벌이 면제된다. 제2순위 형사리니언시(Type C) 대상자에 대해서는 검사가 기소는 하지만 구형 단계에서 통상의 경우보다 1/2을 감경하여 구형하고 재판부에 대상자의 수사 협조 등 유리한 정상을 강조하는 방식으로 형벌이 감경될 수 있도록 조치하게 된다. 그 외에도 형사리니언시제도와는 별도로 수사에 협조한 사건 관계인에 대해서는 검사의 기소재량권에 근거하여 기소유예 등 불기소처분이나 감경구형 등이 이루어질 수 있다.[23)]

2. 형사리니언시의 확정 시점

형사리니언시를 부여하는 시점 및 방식에는 크게 두 가지를 상정할 수 있다. 수사 종료 내지 공범 기소 단계에서 일단 리니언시를 부여하되 리니언시 대상자가 재판에서 협조 의무를 위반할 경우에는 이를 취소 내지 철회하는 방식(해제조건부 리니언시)과 재판 마무리 단계에서 확정적으로 리니언시를 부여하는 방식(정지조건부 리니언시)이다. 신청인의 편의나 리니언시 활성화 측면에서는 가급적 신속하게 리니언시를 부여하는 것이 바람직할 것이다. 하지만, 형사집행 절차에서는 신속성보다 법적 안정성이 중요하다. 해제조건부 리니언시에서는 상황에 따라 구속 여부나 선고 결과가 달라지는 등 피의자·피고인의 법적 지위가 매우 불안정해지는 치명적인 약점이 있다. 이러한 점을 고려하여, 가이드라인은 제6조에서 검찰 수사뿐만 아니라 '재판이 끝날 때'까지 성실하게 협조할 것을 형사리니언시의 정지조건으로 규정한 것이다.[24)]

다만, 공범에 대한 형사재판이 확정될 때까지는 상당한 시간이 소요될 수 있으므로, 형사리니언시 신청인의 불안을 해소하기 위해 검찰은 수사절차가 종료되고 공범에 대한 처분(기소)을 하는

23) 위와 같은 조치들은 검사의 적법한 권한과 재량 내에서 행해지는 것이므로 판사의 재판권을 침해하는 것이 아니다.

24) 법무부와 공정거래위원회가 합의한 공정거래법 개정안에도 가이드라인과 마찬가지로 정지조건부 리니언시가 반영되어 있다.

시점에 신청인의 잠정적 지위를 확인해 줄 것이다. 예컨대, 제1순위 신청인에 대해서는 담당 검사가 위 시점에 '향후 관련 재판에서 입장을 번복하지 않는 한 형사책임이 면제된다'는 고지를 하는 것이다. 이후 관련 재판이 끝나면, 담당 검사는 제1순위 신청인에 대해서 최종적으로 불기소를 확정하게 된다. 또한, 제2순위 신청인의 경우에는 관련 사건 처분(기소)시 검찰에서 형 감경에 대한 잠정적 지위를 고지를 받고, 재판 과정에서 구형을 감경받게 될 것이다.

'재판이 끝날 때'는 원칙적으로 재판 확정시를 의미하나, 형사리니언시 신청인의 협조는 사실확정 단계에서 문제되는 것이므로 사실심의 결심, 즉 제1심과 제2심 재판의 피고인신문과 증거조사가 종료될 때까지만 협조하면 그 의무를 다한 것으로 볼 수 있다. 가사, 재판부에서 관련 사건에 대해서 무죄를 선고한다고 하더라도 여전히 협조 의무는 이행한 것이 되고, 담당 검사는 미리 고지한 바와 같이 형사리니언시를 부여해야 할 것이다.[25]

검찰의 불기소 방식

검사가 제1순위 형사리니언시 신청인을 불기소하는 방법에는 몇 가지가 있다. 먼저 신청인을 처음부터 피의자로 입건하지 않는 것이다. 이때에는 재판 종료시 신청인에 대한 별도의 불기소처분이 필요 없을 것이다. 하지만, 법리상 형사리니언시 신청인도 피의자에 해당할 가능성이 크고, 실무상으로도 수사와 재판의 투명성과 예측가능성을 높이기 위해서 신청인을 일단 입건하는 것이 바람직할 것이다. 이 경우에는 재판 종료시 신청인

25) 제2순위 신청인의 경우 이미 무죄 선고(확정) 전에 감경구형이 이루어졌기 때문에 별도의 형사리니언시 이행 절차는 필요 없을 것이다. 하지만, 제1순위 신청인은 기소되지 않은 상태이고 피고인에게만 무죄 판결의 효력이 미치기 때문에 검찰에서 불기소 절차를 이행해야 할 것이다.

에 대해서 정식으로 불기소처분을 해야 한다.

검찰의 불기소처분은 그 사유에 따라 몇 가지 유형의 '주문'이 있다. 법무부와 공정거래위원회가 합의한 공정거래법 개정안에서는 법률에서 형을 면제하도록 규정하고 있는데, 향후 이러한 법 개정이 이루어지면 검사는 '공소권없음' 주문으로 불기소처분을 해야 한다. 하지만, 공정거래법 개정 전까지는 가이드라인에 근거하여 '기소유예' 주문이 활용될 것이다. 법 체계상 가이드라인은 법률이 아니라 검찰에서 검사를 일차적 수범자로 하여 만든 지침이기 때문이다. 전자는 형식판단이고 후자는 실질판단으로서 법적 성질은 다르나, 형사리니언시 신청인은 자신의 혐의를 인정하는 것을 전제로 하기 때문에 신청인 입장에서 양 주문 사이에 실질적인 차이는 없을 것이다.[26]

3. 리니언시플러스(제10조 제3항)

'당해 카르텔'에 대해서는 형사리니언시의 요건을 갖추지 못한 기업이나 개인이 '다른 카르텔'에 대한 정보나 증거를 제공함으로써 당해 카르텔에 대해서도 일정한 제재 감경을 받을 수 있는데, 이를 '리니언시플러스'(leniency plus)라고 한다. 이때, 다른 카르텔에 대해서는 형사리니언시(Type A/B/C)의 일반 요건과 효과에 따라 형벌이 감면될 수 있음은 물론이다. 리니언시플러스는 은밀하게 이루어지는 카르텔의 전모를 보다 효과적으로 적발하기 위한 독려 장치라고 할 수 있다. 리니언시플러스를 적용할 때에는 ① 리니언시 신청인이 다른 카르텔에 대해 제공한 증거의 중요성, ② 다른 카르텔의 중대성(카르텔의 범위, 카르텔에 가담한 기업의 규모 등), ③ 다른 카르텔의 적발 가능성 등을 고려하게 되는데, 특히

26) 공범에 대한 재판에서 증거부족 등으로 무죄가 확정된 경우에는 형사리니언시 신청인에 대해서 '혐의없음' 처분을 하는 방법도 생각해볼 수 있다. 하지만, 판결의 효력이 피고인이 아닌 신청인에게 미치지 않고, 신청인은 혐의를 인정해 온 상태이기 때문에 여전히 '기소유예' 처분이 활용될 가능성이 높다.

신청인이 제공한 증거의 가치와 카르텔의 중대성이 중요한 요소로 작용하게 된다.[27]

4. 형사리니언시의 부여 절차(제4항)

형사소송법과 검찰청법에 따라 검사는 단독관청이기 때문에 수사와 재판에 관련된 각종 행위는 주임검사 명의로 이루어진다. 따라서, 불기소·감경구형 등 형사리리언시 처분도 그 사건의 수사나 공판을 담당하는 검사가 해야 한다. 하지만, 관계 법령에 따라 검사는 상급기관의 지휘감독을 받아야 한다. 또한, 가이드라인의 주된 목적 중 하나가 형사집행의 정합성을 높이는 것이기 때문에 주임검사는 형사리니언시의 구체적인 내용을 결정하기 전에 대검찰청 반부패부와 협의 절차를 거쳐야 한다.

【제11조(형벌감면의 제한)】

1. 재범에 대한 제한(제1항)

이미 형사리니언시를 받은 기업이나 개인이 5년 이내에 재범한 경우에는 재차 형벌감면을 받을 수 없다. 형사리니언시제도의 취지가 응보와 예방에 있음을 고려할 때 반복적인 카르텔 가담자

---

27) DOJ. pp. 9－12. 리니언시플러스에 대비되는 개념으로는 '패널티플러스'(penalty plus)가 있다. 예컨대, 미국 연방검찰에서는 카르텔 X에 대해서 조사받는 기업이 카르텔 Y에도 가담하였음에도 이를 밝히지 않다가 추후 적발되어 기소될 경우 제재를 가중하고 있다. 한국에서도 일정한 경우 위와 같은 사정은 부정적인 정상관계가 될 수 있을 것이다.

에 대해서는 과도한 혜택을 제한해야 한다. 다만, 형사리니언시의 활성화와 회복적 형사집행을 위해서 형벌감면을 받은 날로부터 5년을 도과하여 재범한 경우에는 형사리니언시의 자격을 제한하지 않고 있다. 이때 5년의 기산일은 관련 형사재판의 확정일을 기준으로 한다. 즉, 제1순위 형사리니언시 대상자의 경우에는 공범에 대한 형사재판 확정일, 제2순위 형사리니언시 대상자의 경우에는 본인에 대한 형사재판 확정일이 그 기산점이 될 것이다.

2. 강요자 등에 대한 제한(제2항)

현행 공정거래위원회의 실무는 카르텔을 주도한 기업에 대해서도 행정리니언시를 인정하고 있다. 하지만, 카르텔 참여를 강제하거나 카르텔 중단을 적극적으로 방해한 경우에는 행정리니언시가 제한된다. 검찰의 가이드라인에서도 공정거래위원회의 입장을 고려하여 카르텔 주도자를 형사리니언시 대상에서 당연히 배제하지는 않으나, 주도를 넘어서 카르텔을 강요한 기업이나 개인에 대해서는 형사리니언시를 제한하고 있다. 또한, 가이드라인에서는 반복적으로 카르텔을 행한 기업이나 개인에 대해서도 형사리니언시를 제한하고 있다. 앞서 소개한 재범에 대한 형사리니언시 제한 규정은 형벌감면일을 기준으로 삼고 있기 때문에 검찰의 법망을 피해 상습적으로 범행을 한 기업이나 개인에 대해서는 적용에 공백이 생길 수 있기 때문에 반복적인 카르텔 가담자에 대한 제한 규정을 따로 둔 것이다.[28)]

---

28) 반복적 카르텔에 대해서는 그 빈도나 기간에 대해서 획일적인 기준을 제시하기 어렵다. 이러한 제한은 침익적 조치이므로 반복적 카르텔을 이유로 형사리니언시를 제한하는 것은 매우 신중해야 할 것이다.

3. 제2순위 신청인에 대한 제한(제3항)

현행 공정거래위원회의 실무상 제2순위 자진신고자에 대해서는 일정한 경우에 행정리니언시를 제한하고 있다. 가이드라인에서도 행정집행과 형사집행의 정합성을 고려하여 유사한 규정을 두고 있다. 즉, 2개 기업이 참여한 카르텔의 경우와 제1순위 신청일로부터 2년이 도과한 경우에는 제2순위자에 대한 형사리니언시가 제한된다. 이는 리니언시 혜택을 합리적인 범위에서 부여하고, 보다 신속한 리니언시 신청을 독려함으로써 리니언시제도의 실효성을 제고하기 위함이다.

【제12조(형벌감면의 변경)】

1. 형사리니언시의 변경 사유 및 절차(제1항)

형사리니언시를 받기 위해서는 수사 단계부터 재판 단계까지 신청인이 지속적인 협조를 해야 한다. 형사리니언시 신청인이 수사에 적극적으로 협조하여 잠정적인 리니언시 자격을 얻은 후에 재판 단계에서 입장을 번복한 경우에는 형사리니언시의 요건을 충족하지 못한 것이기 때문에 검찰에서는 후속 조치가 필요하다. 즉, 검사는 제1순위 신청인에 대해서는 지체 없이 기소하여 형사재판을 받도록 해야 하며, 제2순위 신청인에 대해서는 구형시 감경을 하지 않아야 한다. 이러한 조치는 신중하고 정확하게 행해져야 하므로, 검사는 당해 신청인에게 변경된 사정 등을 통지하고 변소나 의견 개진을 할 수 있도록 14일의 유예기간을 부여해야 한다. 위 기간 동안 특별한 사정변경이 없으면, 주임검사는 대검찰청의 승인을 받아 위와 같은 조치들을 하게 된다.

2. 후순위 신청인에 대한 영향(제2항)

재판 과정에서 선순위 형사리니언시 신청인의 자격 요건이 박탈된 경우 후순위 신청인의 지위에 어떤 영향을 미치는지 문제될 수 있다. 수사 과정에서는 요건을 충족하지 못한 선순위 마커 내지 형사리니언시 신청인의 지위를 후순위 신청인에게 대신 인정하는 것이 가능하나, 재판 과정에서는 이러한 절차가 불가능하다. 형사재판에서는 법적 안정성이 매우 중요하기 때문이다. 재판 과정에서 형사리니언시의 순위 변경을 인정하게 될 경우에는 선고 결과나 구속 여부 등에도 영향을 미쳐서 큰 혼란을 초래하게 된다. 따라서, 본 조항에서는 관련 형사재판이 진행되는 과정에서 제1순위나 제2순위 형사리니언시 신청인의 지위에 변경이 생기더라도 후순위 신청인의 지위에는 영향을 미치지 않도록 규정하고 있다.

검찰의 상소시 고려 요소

형사재판이 진행되는 과정에서는 검사가 형사리니언시 신청인의 지위 변경에 매우 엄정하면서도 신중하게 임해야 한다. 따라서, 법원의 판결 선고와 검찰의 형사리니언시 관련 처분이 정합적으로 이루어질 수 있도록 기소된 형사리니언시 신청인에 대해서는 가급적 사실심 단계에서 상소를 포기하지 않도록 주의해야 한다. 예컨대, 제1심 재판에서 제2순위 신청인에 대해서 감경구형을 하고 어느 정도 이에 부합하는 선고가 이루어졌더라도 공판검사는 위 피고인에 대한 항소포기에 신중해야 한다. 만약, 검사의 항소포기로 당해 피고인에 대한 재판이 먼저 확정되면, 공범에 대한 제2심 재판에서 피고인의 지위에서 벗어난 제2순위 신청인이 협조 의무를 위반하여 재판을 왜곡시키더라도 이를 바로잡을 수 있는 방법이 없기 때문이다. 검사가 적극적으로 항소포기를 하지 않더라도, 이는 정합적인 재판과 처분을 위한 조치이기 때문에 검사의 상소권 남용이 되지는 않을 것이다. 다만, 사실심 증거조사와 사실인정이 끝난 단계에서는 당해 피고인의 이익을 보다 우선적으로 고려하는 것이 바람직할 것이다.

【제13조(비밀유지 의무)】

모든 공무원은 직무상 지득한 기밀 정보를 업무 외의 목적으로 누설해서는 아니 된다.[29] 특히 형사사건과 관련된 기밀은 사건관계인의 안전과 프라이버시에 큰 영향을 미치므로 비밀유지에 더욱 유념해야 한다. 나아가, 형사리니언시 신청인의 신원과 그가 제공한 정보에 대한 보안은 수사의 밀행성뿐만 아니라 형사리니언시의 활성화 차원에서도 필수적이다. 모든 형사리니언시 절차는 대검찰청에서 관리감독하며, 대검찰청 내에서도 극소수의 인원만 관련 정보에 접근할 수 있도록 한 것도 철저한 보안을 염두에 둔 것이다.[30]

다만, 법률에서 정한 범위 내에서 공무원이 정당한 업무 처리를 위하여 관련 기관과 필요최소한의 범위에서 정보를 공유하는 것은 가능하다. 예컨대, 공정거래위원회가 검찰에 카르텔을 고발할 경우 행정리니언시 신청인에 대한 정보도 사건 기록에 첨부하여 송부하고 있다. 기술한 바와 같이, 공정거래법에서는 자진신고자에 대한 비밀유지의무를 규정하면서 사건 처리와 관련 있는 자에게

29) 제8조 제2항에서도 비밀유지의무에 대해서 규정하고 있는데, 이는 형사리니언시 신청인의 의무라는 점에서 본조와 차이가 있다.

30) 공무원 신분으로 지득한 직무상 비밀을 누설한 때에는 징계뿐만 아니라 형사처벌 대상이 될 수 있다.

정보 및 자료를 제공하는 것을 허용하고 있다. 또한, 자진신고자 내지 리니언시 신청인의 동의 아래 정보 제공이 이루어지는 것도 가능하다.[31)]

31) 공정거래위원회의 입장과 달리, 검찰에서는 자진신고 초기에 관련 정보가 공유되면 신속히 형사리니언시를 병행하는데 긍정적인 것으로 보인다. 자진신고자 입장에서는 이를 마다할 이유가 없기 때문에 공정거래위원회에서는 자진신고 접수시 검찰의 정보공유에 동의하는지 여부를 확인함이 바람직할 것이다.

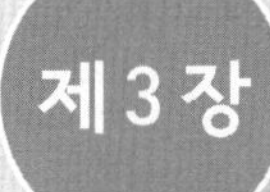

카르텔 수사 절차[1]

제14조(수사개시 절차)
① 대검찰청은 공정거래위원회로부터 고발을 접수하거나 자료를 송부받은 경우 관련 자료 등을 관할 검찰청으로 송부하여 수사가 개시 되도록 한다.
② 대검찰청은 형벌감면이 신청되어 수사가 필요하다고 판단되는 경우 관련 자료 등을 관할 검찰청으로 송부하여 수사가 개시되도록 한다.
③ 검사가 고소, 고발, 관련사건 인지 등에 의하여 수사를 개시하고자 할 경우 대검찰청과 사전 협의절차를 거쳐야 한다.
④ 제2항과 제3항에 따라 수사를 개시하지 않는 사건에 대하여는 대검찰청은 공정거래위원회에 관련 자료를 송부하고, 공정거래 위원회의 조사 결과에 따라 수사개시 여부를 다시 결정한다.
⑤ 전항들의 경우 그 성격에 반하지 않는 범위 내에서 「고소·고발 사건

1) JSK, 35－48, 174－185, 239－245면; JSK, 국제카르텔 역외 형사집행 방법론에 대한 소고－형사사법공조, 범죄인인도를 중심으로, 통상법률 (2019)에서 발췌 및 보완.

처리 지침」, 「유관기관 고발 등 사건 접수 및 처리 지침」 및 「부패범죄 수사 절차 등에 관한 지침」의 관련 규정을 준용한다.

제15조(강제수사 및 종국처분 절차)

① 검사가 카르텔의 수사과정에서 압수·수색, 체포, 구속 등 강제수사가 필요할 때에는 「부패범죄수사 절차 등에 관한 지침」에 따라 대검찰청과 사전 협의절차를 거쳐야 한다.

② 형벌감면신청자에 대하여는 특별한 사유가 없는 한 압수·수색, 체포, 구속 등의 강제수사를 하지 아니한다. 다만, 예외적으로 강제수사가 필요한 경우에는 대검찰청과 사전 협의절차를 거쳐야 한다.

③ 카르텔에 대한 종국처분을 할 때에는 그 처분내용에 대하여 「부패범죄수사 절차 등에 관한 지침」에 따라 대검찰청과 사전 협의절차를 거쳐야 한다.

제16조(별건수사 금지)

① 카르텔과 관련 없는 범죄에 대한 수사 목적으로 별건수사를 하여서는 아니된다.

② 카르텔의 수사 과정에서 이와 관련된 여죄 등 다른 범죄를 수사할 필요가 있는 경우에는 대검찰청과 사전 협의절차를 거쳐야 한다.

(§ 17)

제17조(국제협력)

검찰은 관련 사건의 처리를 위하여 상호주의 원칙 하에 외국 사법경쟁당국과 정보교환 등 국제협력을 할 수 있다.

【제14조(수사개시 절차)】

1. 공정거래위원회 고발(제1항)

형사소송법상 검사는 범죄의 혐의가 있다고 판단되면 수사에 착수하여야 하는데, 위와 같이 범죄 혐의를 포착하게 되는 원인 내지 실마리를 '수사의 단서'라고 한다. 카르텔 수사의 단서는 크게 공정거래위원회 고발, 형사리니언시 신청, 기타 수사단서 등으로 나눌 수 있다.

전속고발제 아래에서 카르텔 수사의 가장 중요한 단서는 공정거래위원회의 고발이었다. 왜냐하면, 리니언시 신청이 주로 공정거래위원회에만 접수되었기 때문이다. 또한, 공정거래위원회의 고발이 면제되면 대부분 검찰에서 고발요청권 행사 없이 당해 사건을 기소하지 않았기 때문에 굳이 자진신고자가 검찰에 제보할 필요가 없다고 판단하는 경우가 많았다.

하지만, 검찰에 직접 자수 등을 통해서 형사리니언시를 신청할 경우 신속히 형벌감면 자격을 부여받을 수 있기 때문에 전속고발제 아래에서도 검찰에 형사리니언시를 신청할 실익은 크다. 더욱이, 가이드라인 시행 이후에는 형사리니언시의 예측가능성과 투명성이 높아졌으며, 특히 형사리니언시 신청인에 대해서는 강제수사가 제한되기 때문에 형사리니언시를 신청할 유인은 비약적으로 증가하였다. 향후 공정거래법이 개정되어 전속고발제가 폐지되면 형사리니언시는 더욱 활성화될 것으로 예상된다. 하지만, 전속고발제가 없어지더라도 공정거래위원회의 고발이 불가능해지는 것은 아니다. 또한, 전속고발권 폐지 이후에도 검찰에서는 중대 사건을 중심으로 수사 역량을 집중할 것이기 때문에 나머지 사건에 대해서는 공정거래위원회가 조사와 심의결을 거쳐 검찰에 고발한 후 수사가 개시되는 사례가 많을 것이다. 따라서, 공정거래위원회의 고발은 전속고발제가 폐지되더라도 여전히 중요한 수사의 단서가 될 것이다.

공정거래법상 공정거래위원회는 검찰총장에게 고발하도록 규정되어 있다. 현재 대검찰청은 일선 검찰청의 지휘와 지원 기능을 중심으로 운영되고 있기 때문에 대검찰청이 공정거래위원회의 고발을 접수하면 관련 지침들에 따라 일선 검찰청에 사건을 송부하게 된다. 공정거래위원회의 고발 사건은 상당한 조사와 증거수집이 이루어진 경우가 많을 것이기 때문에 관련 지침에 따라 즉시 사건번호(형제번호)가 부여되고 피고발인은 바로 피의자 신분으로 전환될 가능성이 크다.

2. 형사리니언시 신청(제2항)

카르텔은 은밀히 행해지기 때문에 수사의 가장 중요한 단서는 내부 제보이며, 그 대표적인 예가 형사리니언시 신청이다. 앞서 설명한 바와 같이, 형사리니언시 신청에는 형법상 자수, 공익신고자보호법상 공익신고 등 다양한 형태가 모두 포함될 수 있다.

가이드라인에 따라 형사리니언시 신청이 대검찰청에 접수되면, 대검찰청은 수사가 필요하다고 판단될 경우 사안의 경중과 관할 등을 고려하여 가장 적합한 검찰청으로 사건을 배당하고 관련 자료를 송부하게 된다. 만약, 당해 제보만으로는 수사에 착수하기 곤란한 경우에는 대검찰청에서 자체 종결 내지 타 기관 이첩 등의 절차를 밟게 될 것이다. 대검찰청으로부터 형사리니언시 사건을 송부받은 검찰청의 담당 검사는 이미 대검찰청에서 수사의 필요성에 대한 판단을 거쳤고 관련 정보와 증거자료가 어느 정도 확보된 상태이기 때문에 그 즉시 수사를 개시하게 될 가능성이 크다.

3. 기타 수사단서(제3항)

카르텔에 대한 수사단서는 공정거래위원회 고발, 형사리니언시 신청 외에도 다양한 형태가 있을 수 있다. 예컨대, 업계의 풍문 등에 근거하여 소비자단체 등이 고소나 고발을 하는 경우도 있다. 하지만, 위와 같은 기타 수사단서에 의해서 수사를 개시하는 경우는 많지 않을 것이다. 수사 절차는 그 대상에게 큰 부담이 될 수 있기 때문에 수사개시 여부를 신중하게 판단해야 한다. 그런데, 은밀하게 행해지는 카르텔의 특성상 카르텔에 관여하지 않은 외부인이 제공한 정보나 자료만으로는 수사의 필요성과 실효성을 판단하기 어려운 경우가 대부분이다. 또한, 중요 사건의 수사는 초동 단계에서 압수수색 등 강제수사가 필요할 때가 많은데, 내부자가 상당한 정보와 증거를 제공하지 않는 한 소명 부족으로 법원에서 영장을 발부받기 곤란하다.

기타 수사단서들은 처음부터 대검찰청으로 창구를 단일화할 수 없기 때문에 일선 검찰청에서 산발적으로 접수되거나 발견될 수 있다. 이러한 경우 수사개시 여부 등에 대해서 검찰청이나 주임검사에 따라 판단이 달라질 수 있기 때문에 형사집행의 정합성을 담보하기 위해서 기타 수사단서에 의해서 수사를 개시하고자 할 경우에는 대검찰청과 사전 협의절차를 거쳐야 한다.

4. 유관 기관 송부(제4항)

내부 제보나 기타 수사단서가 있더라도 그것만으로는 수사의 필요성이나 실효성을 판단하기 어려울 때에는 수사를 개시하기 곤란하다. 하지만, 관련 정보나 자료들이 수사보다 침익적 성격이 적은 행정조사나 행정처분 과정에서는 정당하고 유의미하게 활용될 수도 있다. 이러한 경우 대검찰청은 공정거래위원회 등 관련 국가기관에 위 정보와 자료를 송부할 수 있다. 만약, 행정조사나 행정처분 과정에서 보다 확실한 범죄 혐의가 드러날 경우 당해 행정당국은 검찰에 고발할 수 있고, 이 경우에는 수사가 개시될 가능성이 높을 것이다.[2)]

5. 관련 지침(제5항)

검찰에서는 공정거래위원회 등 유관 기관의 고발, 기타 고소·고발, 중대 경제사범 등 부패범죄 등에 대한 보고 및 처리 절차에 관하여 여러 지침들을 운영하고 있다. 이들은 관련 사건들에 대한 일반적인 지침이므로, 가이드라인 시행과 관련해서도 당연히 준용될 수 있다.

【제15조(강제수사 및 종국처분 절차)】

강제수사는 남용되어서는 안 되며, 임의수사의 보충적 수단으

2) 본 조항은 업무 관련성이 높은 공정거래위원회에 대한 송부만 규정하고 있으나, 다음 조항에서 여러 지침을 준용하므로 다른 기관에 대한 송부도 가능하다.

로만 행해져야 한다. 형사소송법의 취지에 따르면, 사건 관계인이 자발적으로 성실하게 증거자료를 제출하는 경우에는 압수수색의 필요성이 인정되기 어렵다. 특히, 형벌감면이 예상되는 형사리니언시 신청인에 대해서는 압수수색을 더욱 자제해야 한다.

가이드라인은 형사리니언시 신청인에 대해서 압수수색이나 인신구속 등 강제수사를 하지 않는다는 원칙을 명시하고 있다. 위 원칙은 기업리니언시 절차에서 기업과 입장을 같이 하는 임직원에 대해서도 동일하게 적용된다. 또한, 제1순위나 제2순위를 받지 못한 형사리니언시 신청 희망자나 자수자에 대해서도 강제수사 면제의 혜택은 적용될 가능성이 높다. 다만, 신청인이 관련 자료의 제출 및 보정 과정에서 중요 증거자료를 의도적으로 누락하거나 인멸했다는 특별한 사정이 명백히 드러났을 때에는 가이드라인에서 정한 협조 의무를 위반한 것이기 때문에 예외적으로 강제수사가 가능하다.

가이드라인은 수사개시와 마찬가지로 일선청에서 카르텔 사건과 관련하여 압수수색 등 강제수사를 하거나 종국처분을 할 경우에는 대검찰청의 사전 협의를 거치도록 규정하고 있다.

【제16조(별건수사 금지)】

1. 별건수사의 제한(제1항)

카르텔 형사집행은 다른 범죄를 수사하기 위한 수단으로 악용되어서는 아니 된다. 이러한 수사를 이른바 '별건수사'라고 하는데, 이는 기존의 학설과 판례상으로도 금지되어 있으며, 가이드라인에서도 이를 명백히 금하고 있다. 예컨대, 본래 수사의 목적이 기업 경영자의 개인비리를 밝히는데 있음에도 그 수사에 착수할 만한 단서나 소명자료를 확보하지 못하여 일단 단서와 자료가 확보된 카르텔에 대해서 수사에 착수한 후 실제로는 카르텔과 무관한 기업 경영자의 개인비리에 치중하여 수사를 벌였다면, 이는 별건수사로서 위법한 것이며 그 과정에서 수집한 증거는 증거능력이 배척될 것이다.

2. 여죄수사의 절차(제2항)

별건수사와 달리 여죄수사는 적법하다는 것이 통설과 판례이다.[3] '여죄수사'란 본건에 대한 수사 과정에서 자연스럽게 드러난 다른 범죄 혐의에 대하여 수사하는 것을 말한다. 예컨대, 정당한 목적과 절차를 갖추어 카르텔을 수사하는 과정에서 카르텔로 인해 취득한 범죄수익을 은닉한 혐의가 발견될 경우 수사기관은 당연히 위 혐의에 대해서도 수사를 개시하여야 한다.

별건수사와 여죄수사를 구별하는 일차적인 기준은 수사기관의 '본래 의도'라고 할 수 있다. 하지만, 이는 당해 검사나 경찰의 내심의 문제이기 때문에 단정적으로 판단하기 어렵다. 결국, 외부적으로 드러난 객관적인 물증이나 정황에 의해 본래 의도를 판단할 수밖에 없다. 예컨대, 영장에 적시된 혐의와 추가 수사가 이루어진 혐의와의 '관련성'이 일차적인 판단 요소가 될 것이다. 다만, 양 혐의의 관련성은 '죄명의 견련성'만으로는 판단할 수 없다. 앞서 소개한 사례에서 '카르텔'과 '범죄수익은닉'의 죄명과 태양이 다

3) 예컨대, 신용카드업법위반죄로 구속된 피의자에 대해서 구속기간 중 관련 사기 등에 대한 수사가 이루어졌더라도 이를 위법하다고 볼 수 없으며, 영장에 기재된 혐의 중 일부가 기소에서 제외되었다는 이유만으로 위법한 별건수사라고 볼 수 없다. 대법원 1990. 12. 11. 선고 90도2337 판결 등.

르다는 이유만으로 양자의 관련성이 부정될 수는 없다. 따라서, 여죄수사 여부를 판단하기 위해서는 죄명 내지 혐의의 견련성뿐만 아니라 수사단서를 확보하여 진행하는 과정, 즉 '절차의 견련성'까지 종합적으로 고려해야 할 것이다.

다만, 실무상 별건수사와 여죄수사의 구분이 항상 용이한 것은 아니기 때문에, 가이드라인에서는 카르텔 수사 과정에서 다른 범죄 혐의가 드러난 경우에도 대검찰청과 사전 협의를 거쳐 수사에 착수하도록 규정하고 있다.

전속고발제와 별건수사의 관계

현재 검찰에서 행하는 여죄수사를 별건수사라고 비판하거나, 전속고발제가 폐지되면 별건수사가 남발될 것이라는 우려가 있다. 심지어 그 근거로서 '미국 연방검찰은 한국 검찰과 같이 카르텔 외의 다른 범죄혐의에 대해서 수사하는 것을 금지하고 있다'는 주장까지 있다.[4] 하지만, 위와 같은 비판이나 주장은 별건수사의 개념이나 미국 연방검찰의 실무를 정확히 이해하지 못한 것이라고 생각된다.

수차례 강조한 바와 같이, 전속고발제 하에서도 공정거래위원회의 고발이 없더라도 검찰의 수사는 가능하다. 또한, 현행 제도와 실무상으로도 위법한 별건수사는 엄격히 금지되고 적법한 여죄수사는 엄정히 이행되어야 한다. 따라서, 전속고발제를 유지하는 것과 별건수사를 금지하는 것이 이론상으로나 실무상 어떤 상관관계가 있는지 알기 어렵다. 위와 같은 비판이 별건수사라고 주장하는 사례들은 대부분 여죄수사로서 적법하고, 전속고발제 폐지 유무와 무관하게 충실히 행해져야 하는 것이다.

미국 연방검찰 반독점국에 대한 위 주장도 사실과 다르다. 이에 따르

4) 「검찰의 과도한 기업 수사를 우려하는 목소리도 나온다. 이황 고려대 법학전문대학원 교수는 "현실론적으로 검찰이 반독점 수사를 맡게 되면 '별건수사'로 이어질까봐 사람들이 우려하고 있다"며 "미 반독점국은 정해진 범위에서만 수사하고 철저하게 별건수사를 금하는 만큼 검찰도 이런 부분을 잘 참고해야 한다"고 말했다.」 중앙일보, 2018. 12. 5.자 관련 기사 중 발췌.

면, 마치 반독점국이 반독점 수사만 하고 그 외의 수사는 금지되는 것처럼 오해할 수 있다. 하지만, 반독점국이 카르텔 사건을 수사하는 과정에서 관련 사기(fraud) 혐의를 함께 수사하여 기소하는 것은 흔한 일이다. 나아가, 카르텔 수사 과정에서 조세포탈이나 뇌물공여 등 부패범죄 혐의가 드러날 경우 반독점국은 연방검찰의 다른 전문부서와 협력하여 엄정히 형사집행을 하지 무조건 이를 묵과하지 않는다. 반독점국에서는 이를 '병행수사'(collateral investigation)로서 지극히 당연한 것으로 여기며, 위법한 '별건수사'(irrelevant investigation)라고 하지 않는다. 흔히 '미국 검사는 직접 수사를 하지 않는다'고 알려져 있지만, 이 역시 일반화할 수 없는 명제이다. 특히, 반독점국 연방검사들은 FBI와 유기적으로 협력하여 수사 초기부터 리니언시나 플리바게닝과 관련하여 사건 관계인 인터뷰에 관여하는 등 수사 전반에 걸쳐 중추적 역할을 하고 있다.[5)]

요컨대, 이른바 '별건수사' 우려를 명분으로 전속고발제 폐지를 반대하는 것은 국내외 이론과 실무를 왜곡하는 것이다. 나아가, 명백하고 중대한 범죄에 대해서 기업 부담 등을 내세워 수사를 원천 봉쇄하거나 면죄부를 주려는 것은 국민 법감정에도 반하는 것이 아닐 수 없다. 기업 입장에서도 오히려 전속고발제가 폐지되어 행정리니언시와 형사리니언시가 신속하고 정합적으로 이루어지는 것이 유리할 것이다. 또한, 전속고발제에 의존하는 것보다는 가이드라인에서 정한 강제수사 제한 규정을 통해서 여죄수사의 가능성을 원천적으로 배제하는 것이 가장 효과적인 법적 리스크 관리 방법이 될 것이다.

【제17조(국제협력)】

한국 경제에서 국제거래가 차지하는 비중은 매우 높고, 국내 기업이나 소비자가 초국경적인 카르텔에 관여되거나 이로 인한 피해에 노출될 가능성이 크다는 것은 앞서 설명한 바와 같다.

---

5) 2018. 12. 14. 서울중앙지방검찰청/미국 연방검찰 반독점국(뉴욕지부) 양자회담 중 지부장 Jeffrey Martino 발언 등.

국제카르텔로 인한 국내 기업과 소비자의 피해를 최소화하기 위해서는 엄정한 법집행이 필요하다. 그런데, 국제카르텔의 경우 사건 관계인과 물증이 여러 나라에 산재되어 있기 때문에 법집행 과정에서 사법경쟁당국 간 협력이 필수적이다. 최근에는 자유무역협정에도 경쟁법 집행 과정에서 당사국 간의 협력을 강조하는 추세이다.[6)]

나아가, 사법경쟁당국 간의 협력은 국제카르텔에 관여한 자국 기업이나 개인의 권익을 보호하는 데 긍정적으로 작용할 수 있다. 국제카르텔에 대해서는 여러 나라에서 동시에 법집행 관할을 가질 수 있기 때문에 대상 기업이나 개인에 대해서는 이중제재 내지 과잉제재의 우려가 상존한다. 사법경쟁당국 간 소통과 공조가 활성화될수록 위와 같은 우려를 없애고 책임에 상응하는 법집행만 이루어질 가능성이 높아질 것이다.

가이드라인에서는 엄정하고 합리적인 형사집행이 이루어질 수 있도록 사법경쟁당국 간 협력의 길을 열어두고 있다. 국제공조에 대한 검찰의 가장 중요한 입장은 '대상 기업이나 개인의 국적을 불문하고 엄정하고 공평하게 법집행이 이루어져야 한다'는 것이다. 다만, 국제공조의 가장 오랜 기본 원칙 중 하나는 '호혜평등'이므로, 검찰에서는 상대 사법경쟁당국과 대등하게 협력하는 한편, 형사리니언시 신청인의 정당한 권익을 보호하는 데 만전을 기해야 할 것이다.

---

6) 예컨대, 한미 FTA에서는 「양 당사국은 효과적인 경쟁법 집행을 촉진하기 위하여 각 당사국 당국 간의 협력 및 조정이 중요함을 인정하고, 상호지원·정보교환·경쟁법 집행 등에 있어서 협력」할 것을 명시하고 있다.

Guidelines for Criminal Enforcement of Cartels

제 3 편 Q & A

제1장 총　칙
제2장 형벌감면 절차
제3장 카르텔 수사 절차

제 1 장

총 칙

1 가이드라인의 의미

1. 가이드라인의 의미는 무엇인가요?

검찰에서 범죄를 수사하고 재판을 거쳐 형을 집행하는 등 형사법을 집행하는 활동을 '형사 법집행' 또는 줄여서 '형사집행'이라고 합니다. 가이드라인은 검찰에서 카르텔 형사사건에 대해서 형사집행을 하는 구체적인 기준과 절차를 정한 것입니다.

형사사건의 유형은 매우 다양하기 때문에 관련 법률에서 모든 절차와 기준을 구체적으로 정하기 어렵습니다. 그래서 형사법에서는 효율적인 형사집행을 위해서 수사와 재판 과정에서 검사와 판사의 재량을 폭넓게 인정하고 있습니다. 하지만, 검사 개개인이 임의로 재량권을 행사하여 형사집행을 할 경우 사건 관계인은 형사절차가 어떻게 진행되고 어떤 결과가 나올 것인지 예측하기 어렵게 됩니다. 특히, 카르텔 관련 형사집행은 기업활동과 국가경제에 적지 않은 영향을 미칠 수 있기 때문에 엄정하고도 신중하게 이루어져야 합니다. 가이드라인은 카르텔 형사집행 절차를 '투명'하고 '예측가능'하게 만듦으로써 검사가 자의적으로 사건을 처리하는 것을 방지하는 한편, 사건 관계인의 정당한 권익을 보호하기 위해서 만들어진 것입니다(지침 제1장 총칙).

2. 가이드라인은 어떻게 구성되어 있나요?

넓은 의미의 가이드라인에는 카르텔 형사집행의 법률상 근거가 되는 헌법, 형법, 형사소송법, 검찰청법, 공익신고자보호법, 공정거래법 등 상위 법령까지도 포함될 수 있으나, 좁은 의미의 가이드라인은 위 법령의 범위 안에서 카르텔 형사집행 절차를 구체화한 검찰의 '실무 매뉴얼'이라고 할 수 있습니다. 위 매뉴얼은 핵심적인 내용을 조문 형태로 축약한 '지침'과 이에 대한 '해설서'로 구성되어 있습니다.

대검찰청에서 2020년 12월에 대검 예규로 제정하여 시행한 「카르텔 사건 형벌감면 및 수사절차에 관한 지침」은 위 가이드라인의 체계 중 '지침'에 해당하며, 대검찰청 홈페이지에서 누구나 열람하거나 다운로드할 수 있습니다(www.spo.go.kr에서 홈 > 정보자료 > 훈령/예규로 들어가 '예규 제1150호'로 검색). 위 지침에 대한 대검찰청의 공식 '해설서' 역시 대검찰청 홈페이지에 게시될 것입니다. 가이드라인은 국내외 사법경쟁당국과 기업에게 중요한 의미가 있으므로, 국문본과 영문본이 모두 공개될 예정입니다.

가이드라인은 카르텔 형사집행과 관련하여 '형사리니언시'와 '수사준칙'을 주로 다루고 있습니다. 형사리니언시 부분에서는 카르텔을 자수한 기업이나 개인에 대해서 형사처벌을 면제하거나 감경하는 절차와 기준을 정하고 있습니다. 수사준칙 부분에서는 형사리니언시 신청인에 대한 압수수색 등 강제수사를 제한하는 한편, 카르텔 형사사건이 전국적으로 일관되게 처리될 수 있도록 검찰의 수사 및 처분에 관한 절차와 기준을 정하고 있습니다(지침 제2장 형벌감면 절차, 제3장 카르텔 수사 절차).

3. 가이드라인의 법적 근거는 무엇인가요?

형법은 수사기관에 스스로 범죄를 자수한 경우 형을 감면할 수 있도록 규정하고 있고, 공익신고자보호법에서도 공익신고자의 범죄에 대해서는 형을 감면할 수 있는 규정을 두고 있습니다. 형법상 자수 규정은 형법 중 총칙에 위치하고 있으며, 형법총칙은 모든 형사사건에 적용됨이 원칙입니다. 또한, 공익신고자보호법에서도 공익침해행위 관련 공익신고자에 대해서는 형벌을 감면할 수 있도록 규정하고 있습니다. 현행 가이드라인은 위와 같은 형법과 공익신고자보호법의 관련 규정에 근거하여 만들어진 것입니다(지침 제2조).

4. 가이드라인은 전속고발제가 폐지되지 않아도 적용될 수 있나요?

검사가 공정거래법위반죄로 공소를 제기할 경우에는 공정거래위원회의 고발을 받도록 공정거래법에서 규정한 것을 '전속고발제'라고 합니다. 이때, 공정거래위원회의 고발은 기소와 관련된 절차이지 범죄의 성립이나 수사의 전제조건이 아닙니다. 검찰은 공정거래위원회의 고발이 있기 전이라도 수사에 착수할 수 있습니다. 또한, 공정거래법은 검찰총장의 고발요청권과 이에 따른 공정거래위원장의 고발의무를 명시하고 있습니다. 따라서, 전속고발제는 검찰의 수사와 기소에 장애가 될 수 없습니다. 나아가, 형법과 건설산업기본법에 규정된 카르텔 범죄에 대해서는 전속고발제가 적용되지 않기 때문에 검찰의 기소 과정에서 공정거래위원회의 고발이 필요 없습니다. 그동안 공정거래위원회가 자진신고자를 검찰에 고발하지 않을 경우 검찰에서 고발요청권 행사 없이 위 자진신고자를 기소하지 않음으로써 사실상 형사처벌이 면제되는 경우가 많았으나, 이것은 법제도에 따른 원칙이라기보다는 실무상 현상으로 이해하는 것이 정확합니다. 만약, 공정거래위원회의 자진신고 과정에 하자가 발견될 경우에는 검찰에서 고발요청권을 행사하여 자진신고자를 기소해야 할 가능성이 큽니다.

카르텔을 자발적으로 신고한 기업이나 개인을 기소하지 않음으로써 형사처벌을 면제할 것인지 여부 등은 검찰에서만 판단할 수 있습니다. 헌법과 형사소송법상 기소권은 오직 검사에게 있기 때문입니다. 따라서, 형사리니언시에 대한 권한은 공정거래위원회가 아니라 검찰에 귀속되어 있습니다.

요컨대, 카르텔에 대한 수사, 기소, 형사리니언시 등 형사집행 절차는 헌법과 법률에 따라 검찰에서 전담하는 것이며, 가이드라인은 현행법에 근거하여 만들어진 것이기 때문에 공정거래법 개정이나 전속고발제 폐지 여부와 무관하게 시행될 수 있습니다.

5. 최근 국회의 공정거래법 개정 과정에서 전속고발제 폐지 부분은 포함되지 않았는데, 가이드라인에는 어떤 영향이 있나요?

앞서 설명한 바와 같이, 가이드라인은 전속고발제 폐지 여부와 관계없이 현행 법제에 근거하여 시행한 것이기 때문에 국회의 공정거래법 개정 상황이 가이드라인에 미치는 영향은 없습니다. 오히려, 가이드라인은 현행 전속고발제 아래에서 검찰이 형사리니언시를 적극적으로 실시하는 계기가 된다는 점에서 더욱 의미가 있습니다. 따라서, 기업이나 로펌 등에서는 전속고발제 폐지 전 단계에서 가이드라인을 활용할 가치가 한층 더 커졌다고 할 것입니다. 또한, 국회에 제출된 전속고발제 폐지 법안은 정부 방침에 따라 법무부와 공정거래위원회가 합의하여 만든 것으로서 가이드라인에 그 주요 내용이 반영되어 있습니다. 이는 공정거래법 개정 여부와 무관하게 검찰에서 정부 시책과 국가기관 간 약속을 충실히 이행하려는 의지의 표명이라고 할 수 있습니다.

6. 향후 검찰의 직접 수사권의 범위에 변화가 있을 경우 가이드라인에는 어떤 영향이 있나요?

전통적으로 검찰은 기소뿐만 아니라 주요 사건의 수사에 있어서도 중요한 역할을 담당해 왔습니다. 검찰의 업무에서 수사가 차지하는 비중은 시대 상황에 따라서 증감이 있었으나, 이는 제도상의 문제라기보다는 검찰의 전문성과 역량에 따른 변화인 측면이 많았습니다.

최근에는 검찰의 직접 수사 비중을 낮추려는 시도가 있

는데, 이는 검사만이 담당할 수 있는 기소와 재판의 충실도를 높이는 맥락에서 추진되어 왔습니다. 그런데, 이러한 움직임의 모델이 된 주요 국가 중 하나인 미국에서도 공정거래 분야에서는 여전히 검사가 수사에 관여하는 비중이 적지 않습니다. 특히, 형사리니언시는 기소권을 가진 검사와 분리되어 운영될 수 없고, 압수수색 등 강제수사에 필요한 영장청구나 기소를 위한 보완수사 과정에서 검사를 완전히 배제하는 것도 국내외 법체계상 어렵습니다. 현재 검찰의 직접 수사 대상에는 공정거래 사건이 포함되어 있으며, 향후 직접 수사권의 범위가 조정되더라도 가이드라인의 내용은 대부분 그대로 운영될 것으로 예상됩니다.

7. 가이드라인의 내용은 바뀔 수 있나요?

가이드라인은 상위법의 범위 내에서 시행될 수 있는 실무 매뉴얼이기 때문에 상위법이 제·개정되면 이에 맞추어 가이드라인도 당연히 보완될 수 있습니다. 예컨대, 공정거래법상 전속고발제가 폐지될 경우 개정 공정거래법과 그 시행령의 내용이 가이드라인에도 즉시 반영될 것입니다. 가이드라인은 사건 관계인의 권익을 제한하는 것이 아니라 확대하기 위한 것입니다. 따라서, 상위법과의 조화, 수범자의 이익 등 전제조건을 유지하는 한 국회나 정부 차원에서 별도의 입법 과정을 거칠 필요가 없으며, 검찰의 형사집행 권한 내에서 언제든지 더 바람직한 방향으로 수정·보완될 수 있습니다. 그 과정에서 여러 이해관계자의 의견을 수렴하는 절차를 거칠 것이기 때문에 가이드라인의 변경으로 인해서 사건 관계인이 예상치 못한 불이익을 당할 가능성은 희박할 것입니다.

8. 가이드라인은 어떤 효력을 가지나요?

가이드라인 자체는 법률이 아니고 상위 법령의 범위 내에서 탄력적으로 보완될 수 있는 검찰의 실무 매뉴얼이지만, 검찰에서는 매우 강한 구속력을 가지게 됩니다. 검찰의 형사집행과 관련하여 최종적이고 구체적인 지휘감독권은 법률상 검찰총장에게 있습니다. 가이드라인은 상위법의 취지에 맞게 형사집행이 이루어질 수 있도록 검찰총장이 그 절차와 기준을 마련하여 지시한 것이고, 정식 대검 예규로 제정된 것이므로 모든 검사는 당연히 이에 따라야 합니다. 이를 위반할 경우 관련 검사는 징계를 받을 수 있고, 각종 절차상 하자가 문제될 수 있습니다.

2 카르텔의 의미

9. 카르텔이란 무엇인가요?

카르텔은 시장에서 물건이나 서비스를 공급하는 기업들이 공동으로 그 가격이나 물량 등을 제한하기로 합의하는 것을 말합니다. 카르텔에 대해서 가장 포괄적으로 적용되는 법률은 공정거래법입니다. 공정거래법에서는 카르텔을 '부당한 공동행위'라고 지칭하고 있는데, 실무상으로는 이를 줄여서 '담합'이라는 용어도 많이 쓰이고 있습니다. 공정거래법은 원칙적으로 카르텔을 금지하는 한편, 이를 위반한 경우 형사처벌 대상으로 하고 있습니다(죄명은 '공정거래법위반죄'). 또한, 입찰담합에 대해서는 공정거래법뿐만 아니라 형법과 건설산업기본법에도 처벌 규정이 있습니다(죄명은 '입찰방해죄'와 '건설산업기본법위반죄'). 특히, 건설산업기본법은 건설공사의 입찰담합에 적용되는데, 위 세 가지 법률 중 가장 높은 법정형을 두고 있습니다. 이들 법률 중에서, 공정거래위원회는 공정거래법의 행정집행을 담당하고, 검찰은 위 모든 법률들의 형사집행을 담당하고 있습니다.

10. 카르텔에는 어떤 종류가 있나요?

카르텔은 그 성격에 따라 경성(hardcore)과 연성(soft)으로 분류되는데, 형사집행의 대상이 되는 것은 주로 경쟁을 제한하는 것만을 목적으로 하는 경성카르텔이며, 입찰담합 등이 그 대표적인 예입니다. 따라서, 가이드라인과 이 책에서 '카르텔'이라는 표현은 특별한 사정이 없는 한 경성카르텔을 의미합니다.

또한, 카르텔은 그 대상 내지 태양에 따라서 가격담합, 물량담합, 입찰담합 등 여러 종류가 있습니다. 앞서 설명한 바와 같이, 공정거래법위반죄는 모든 유형의 카르텔에 포괄적으로 적용되며, 형법상 입찰방해죄와 건설산업기본법위반죄는 입찰 카르텔에만 적용됩니다.

11. 카르텔은 왜 처벌하는 것인가요?

일반적으로 카르텔은 경쟁을 제한하여 공급은 줄이고 가격은 올라가게 합니다. 그 과정에서 공급자는 부당한 이익을 취하고, 소비자나 사회의 복지후생은 감소하게 됩니다. 카르텔로 인한 피해는 수많은 소비자에게 분산되어 있기 때문에 그 심각성이 잘 드러나지 않을 때가 많지만, 그 피해의 총량과 죄질은 어떠한 경제범죄 못지않게 크고 무겁습니다. 이처럼 카르텔은 소비자와 사회경제에 심각한 피해를 가하기 때문에 여러 나라에서는 카르텔을 규제하고 있으며, 우리나라와 미국 등에서는 형사처벌 대상으로 삼고 있습니다.

카르텔은 소수의 공급자가 시장을 지배하는 '과점시장'에서 나타나기 쉬운데, 우리나라는 연혁이나 구조상 과점시장이 많기 때문에 카르텔의 폐해에 노출될 우려가 큽니다. 특히, 국민의 실생활과 직접 맞닿아 있는 주요 생필품, 산업용품 등도 소수의 대기업이 관련 시장을 대부분 점유하고 있기 때문에 카르텔을 방치할 경우 수많은 소비자와 소상공인에게 막대한 피해를 입힐 수 있습니다. 바로 이러한 이유 때문에 우리나라에서는 카르텔에 대한 엄정한 형사집행이 필요한 것입니다.

12. 카르텔은 어느 단계부터 처벌 대상이 되나요?

카르텔은 기업들 간에 경쟁을 제한하기로 하는 합의만 있으면 성립되고, 그 자체로 처벌 대상이 됩니다. 실제로 그 합의를 실행했는지 여부는 범죄 성립에 영향을 미치지 않습니다. 또한, 적극적으로 카르텔에서 탈퇴하거나 카르텔을 중단하지 않는 이상 카르텔의 존재나 가담 상태는 그대로 유지되는 것으로 취급됩니다.

13. 가이드라인이 적용되는 카르텔의 범위는 어떻게 되나요?

가이드라인은 카르텔에 대한 형사집행과 행정집행의 일관성을 추구하고 있습니다. 따라서, 가이드라인은 카르텔에 대한 형사처벌 규정을 두고 있는 형법, 건설산업기본법, 공정거래법과 관련된 형사리니언시와 수사 절차에 모두 적용되도록 정하고 있습니다. 다만, 경쟁제한성 외에 순작용을 수반하는 연성카르텔의 경우에는 형사집행의 대상이 아니어서 가이드라인의 적용 범위에서도 배제된다는 점은 앞서 설명한 바와 같습니다(지침 제2조 제1호).

3 형사리니언시의 의미

14. 형사리니언시란 무엇인가요?

형사리니언시란 검찰에 카르텔을 자발적으로 신고한 기업이나 개인(이하 '형사리니언시 신청인')에게 형사처벌을 면제하거나 감경하는 혜택을 부여하는 제도를 말합니다. 리니언시제도는 미국 연방검찰(DOJ)에서 최초로 만들어진 것인데, 최근에는 대부분의 주요 선진국들도 이를 도입하여 시행하고 있습니다. 참고로, 우리말 사용을 위해서 가이드라인을 조문화한 지침(대검 예규)에서는 '형벌감면' 등의 용어를 사용하고 있으나, 이 책에서는 편의상 '형사리니언시'라는 용어로 통합하여 사용하고 있습니다. 공정거래법과 공정거래위원회에서는 '자진신고' 등의 용어를 사용하고 있는데, 이 책에서는 형사리니언시와 구별하기 위해서 공정거래위원회에서 운용하는 리니언시에 대해서는 '행정리니언시' 내지 '자진신고'로 표현하고 있습니다.

15. 형사리니언시를 인정하는 이유는 무엇인가요?

카르텔은 그 폐해가 크기 때문에 엄정한 형사집행이 필요합니다. 하지만, 카르텔은 소수의 기업들 사이에서 은밀히 이루어지기 때문에 내부자가 제보하지 않는 한 그 존재를 알기 어렵습니다. 또한, 형사재판에서는 검사가 증거를 제시하여 합리적인 의심이 없을 정도로 범죄를 증명해야만 비로소 형사처벌이 가능한데, 카르텔의 경우 내부자가 검찰에 증거자료나 진술을 제공하지 않으면 검사가 범죄를 입증하기 어려운 경우가 많습니다.

자발적으로 신고를 했다는 이유만으로 카르텔에 가담한 기업이나 개인에 대해서 제재를 감면하는 것이 정당한 것인지에 대해서는 논란이 있어 왔습니다. 하지만, 폐해가 심각한 카르텔을 근절시켜야 할 필요성이 위 신고인에 대한 제재의 당위성보다 크기 때문에 리니언시제도가 만들어진 것입니다. 이처럼 리니언시제도는 정의론과 실용주의의 긴장 관계 속에서 탄생한 것으로서 세계적으로 널리 활용되고 있습니다.

16. 형사리니언시는 플리바게닝(유죄협상제도)과 어떻게 다른가요?

플리바게닝은 수사나 기소의 대상이 된 피의자가 유죄를 인정할 경우 신속하게 양형 절차로 이행되도록 하는 절차입니다. 플리바게닝은 수사가 개시된 이후에 검사가 주도하여 피의자와 유죄인정 여부 및 양형에 대하여 협상하는 제도인 반면, 형사리니언시는 검찰이 미처 혐의를 인지하지 못하거나 증거를 확보하지 못한 상태에서 범행 가담자 등이 자발적으로 범죄를 신고하는 제도입니다. 따라서, 형사리니언시는 은밀하게 이루어지는 카르텔을 효과적으로 규명하여 공정한 시장경제질서를 회복시키는 데 궁극적인 목적이 있으며, 플리바게닝처럼 수사상 편의나 소송상 경제를 우선적으로 추구하는 것이 아닙니다. 우리나라에서 플리바게닝을 시행하기 위해서는 별도의 입법이 이루어져야 하나, 형사리니언시는 이미 형법과 공익신고자보호법에 관련 규정이 있기 때문에 따로 법률을 제정하거나 개정할 필요가 없습니다. 요컨대, 형사리니언시와 플리바게닝은 법적 근거나 성격이 다르기 때문에 형사리니언시를 시행한다고 해서 플리바게닝을 도입하는 것으로 볼 수는 없습니다.

17. 형사리니언시를 신청할 수 있는 주체는 누구인가요?

형사리니언시는 주로 카르텔에 가담한 주체인 '기업'을 염두에 두고 마련한 제도라고 할 수 있습니다. 형사리니언시를 부여받기 위해서는 신청인이 카르텔의 내용을 구체적으로 밝히고 관련 자료도 제출해야 하는데, 이러한 정보나 자료는 카르텔의 주체인 기업 차원에서 보유하거나 준비할 수 있는 경우가 많습니다. 따라서, 형사리니언시 신청인은 대부분 기업이 될 것입니다. 하지만, 카르텔의 구성과 실행에 참여한 개인도 처벌 대상이 되기 때문에 형사리니언시의 요건을 만족시킬 수 있다면 개인에 대해서도 형사리니언시제도를 이용할 수 있도록 하는 것이 바람직합니다. 실무상으로는 형사리니언시의 대상이 기업인 경우에는 '기업리니언시', 개인인 경우에는 '개인리니언시'라고도 합니다.

공정거래위원회는 자체적으로 운영하는 행정리니언시와 관련하여 자진신고의 주체를 '사업자'로 명시하는 한편, 개인리니언시에 대해서는 소극적인 입장인 것으로 보입니다. 하지만, 검찰의 가이드라인은 개인에 대해서도 형사리니언시를 적극적으로 인정하고 독려하는 차원에서 형사리니언시 신청인의 범위에 기업뿐만 아니라 개인도 포함시키고 있습니다(지침 제2조 제3호).

18. 가이드라인의 규정들은 기업리니언시와 개인리니언시에 똑같이 적용되나요?

형사리니언시 신청인은 대부분 기업이기 때문에 가이드라인의 규정들은 일차적으로 기업리니언시를 염두에 둔 것입니다. 하지만, 기업리니언시와 개인리니언시는 제도적 취지가 같기 때문에 기업리니언시의 요건과 절차가 대부분 개인리니언시에도 적용됩니다. 다만, 일부 가이드라인의 요건과 절차 등은 그 성격에 따라서 개인리니언시에는 완화되어 적용될 수 있습니다.

제 2 장

형벌감면 절차

제1절 형벌감면 신청

4 형사리니언시의 신청

19. 형사리니언시는 어디에 신청하나요?

가이드라인의 목적은 검사 개인의 재량을 축소하고 검찰 수사 및 처분의 예측가능성과 투명성을 높이는 한편, 전국적으로 통일된 기준에 따라 형사집행이 이루어지도록 하는 것입니다. 카르텔 사건에 대한 수사와 기소는 관할 지역에 따라 대검찰청 산하 각급 지방검찰청에서 수행하지만, 개별 수사부서에서 형사리니언시까지 폐쇄적으로 전담할 경우 그 객관성과 중립성을 담보하기 어려울 수 있습니다. 그래서 가이드라인에서는 형사리니언시를 신청하는 창구를 대검찰청으로 일원화하고 있습니다(지침 제3조 제1항).

20. 서울중앙지방검찰청 공정거래부 등 수사 부서에 형사리니언시를 신청할 수도 있나요?

가이드라인에서 정한 형사리니언시 신청 창구는 대검찰청으로 일원화되어 있습니다. 일선 검찰청에 형사리니언시 신청 의사를 밝히거나 신청서를 제출할 경우 이를 접한 검사는 즉시 대검찰청에 위 사실을 보고하고 관련 자료 등을 이첩하는 절차를 취해야 합니다. 다만, 대검찰청에 위 보고나 이첩이 이루어지기 전에 다른 신청인이 대검찰청에 정식으로 형사리니언시를 신청한 경우에는 그 신청인의 순위가 앞설 수 있으므로 가급적 신속히 대검찰청에 형사리니언시 신청을 접수하는 것이 바람직할 것입니다.

21. 형사리니언시는 본인이 직접 신청해야 하나요?

기업리니언시든 개인리니언시든 실제로 형사리니언시를 신청하기 위해서 대검찰청을 방문하거나 관련 진술을 하는 것은 사람이 해야 합니다. 그런데, 기업리니언시의 경우 기업은 자연적 의미에서 사람이 아니기 때문에 법적으로 기업을 대표하거나 대리하는 사람이 위 절차를 밟을 수밖에 없습니다. 하지만, 이 경우에도 형사리니언시의 신청 명의와 법적 주체가 본인인 기업이라는 점에는 변함이 없습니다. 마찬가지로 개인리니언시의 경우에도 개인 본인이나 그 법률대리인이 신청 절차를 진행할 수 있으며, 이때 리니언시 신청 명의와 법적 주체는 본인인 개인이 됩니다.

22. 형사리니언시 신청을 대리하는 사람은 변호사여야 하나요?

우리나라는 형사 절차와 관련하여 변호사 강제주의를 채택하고 있지 않기 때문에 형사리니언시 신청을 대리하는 사람이 반드시 변호사일 필요는 없습니다. 예컨대, 기업리니언시의 경우 기업으로부터 대리권을 위임받은 임직원이 형사리니언시 신청 절차를 밟을 수 있습니다. 개인리니언시의 경우에도 본인으로부터 대리권을 수여받고 이를 증명할 수 있는 사람은 누구든 형사리니언시 신청 절차를 진행할 수 있습니다.

23. 외국 기업이나 외국 로펌도 형사리니언시를 신청할 수 있나요?

한국에서는 변호사 강제주의를 취하지 않기 때문에 본인이 직접 모든 법적 행위를 할 수 있습니다. 또한, 형사리니언시 신청인의 국적에는 제한이 없습니다. 따라서, 외국 기업이나 개인이 본인 명의로 형사리니언시를 신청하는데 아무런 장애가 없습니다. 외국 국적의 로펌이나 변호인의 경우에는 현재 한국의 법률시장 개방 관련 법률에 의해서 국내에서 형사사건을 직접 선임하여 대리할 수는 없습니다. 다만, 이러한 제한은 그 본질이 국제통상과 관련된 행정적 규제에 가깝기 때문에 형사법적 효력에도 반드시 똑같이 적용되는 것은 아닐 수 있습니다. 따라서, 형사리니언시 신청서에 그 주체가 외국 기업으로 명기되어 있는 한 신청서 작성이나 제출 과정에 외국 기업이나 외국 변호인이 관여했다는 이유만으로 형사리니언시 신청의 효력이 당연히 부정되는 것은 아닙니다.

나아가, 외국 로펌이 국내 형사 절차에 관여하기 위해서 반드시 국내 대형 로펌과 항구적인 조인트벤처(joint venture, JV)를 설립할 필요도 없습니다. 외국 로펌도 국내에서 사건 단위의 협업은 얼마든지 가능하기 때문에, 국내 변호사와 당해 사건에 대해서 협업하는 한 사실상 형사 절차에 적극적으로 관여할 수 있습니다. 사건별 협업의 상대방은 반드시 국내 대형 로펌일 필요는 없고 개인 변호사도 무방합니다.

24. 형사리니언시는 서면으로만 신청해야 하나요?

형사리니언시는 신청인들 사이에서 순위나 요건을 엄격히 판단해야 하기 때문에 서면으로 하는 것이 원칙입니다. 서면을 접수하는 방식에는 신청인 내지 그 법률대리인이 대검찰청을 직접 방문하여 신청서를 접수할 수도 있고, 팩스나 이메일을 통해서 신청서를 원격 접수할 수도 있습니다. 다만, 신청인이 서면으로 신청서를 제출하기 곤란한 사정이 있는 경우에는 예외적으로 구두로 신청하는 것도 가능합니다. 이 경우 형사리니언시 신청 순위나 요건 구비 여부 등을 명확히 할 필요가 있는데, 사안의 성격에 따라 담당 검사로부터 절차와 방식을 안내 받아 구두 신청 절차를 진행하면 되며, 녹취 등 적절한 방식으로 근거를 남기게 됩니다(지침 제3조 제1항, 제3항).

25. 형사리니언시 신청에는 어떤 내용이 포함되어야 하나요?

형사리니언시 신청시에는 ① 신청인의 명칭, 대표자 이름, 주소, 사업자등록번호(또는 주민등록번호) 및 연락처, 형벌감면 신청서를 제출하는 자의 성명, 근무부서, 연락처, ② 신청인 등이 참여한 카르텔의 개요, ③ 카르텔을 입증하는데 필요한 증거 및 증거의 목록, ④ 카르텔에 대한 검찰의 수사 및 재판이 끝날 때까지 성실하게 협조하겠다는 내용, ⑤ 카르텔의 중단 여부, ⑥ 신청인과 함께 형벌을 감면 받기 원하는 임직원의 이름, 주소, 주민등록번호 및 연락처 등을 밝혀야 합니다. 서면 신청시에는 신청서에 위 내용들을 기재하면 되고, 구두 신청시에는 위 사항들에 대해서 구체적으로 진술해야 합니다(지침 제3조 제1항, 제3항).

26. 가명이나 익명으로 형사리니언시를 신청할 수 있나요?

형사리니언시는 원칙적으로 본인의 실명으로 신청해야 합니다. 다만, 본인의 신원이 드러나면 곤란한 사정이 있을 경우에는 예외적으로 일정 기간과 범위 내에서 가명 내지 익명으로 신청하는 것도 가능합니다. 이 경우에는 형사리니언시 신청 순위나 요건 등에 다툼이 생길 수 있기 때문에 반드시 담당 검사와 익명 신청 절차와 관련 유예 기간에 대해서 협의하는 것이 바람직합니다.

27. 익명이나 구두 신청은 어떤 경우 활용하는 것이 좋은가요?

형사리니언시 시행 초기에는 선례가 많지 않아 신청인 입장에서는 과연 형벌감면이 이루어질 것인지에 대해서 의문이 생길 수 있습니다. 나아가, 형사리니언시를 신청했음에도 요건이나 절차를 갖추지 못했다는 이유로 검찰에서 형벌감면 혜택은 받지 못하고 오히려 수사나 기소 대상이 되는 것은 아닌지 걱정할 수도 있습니다. 이런 경우에는 형사리니언시를 담당하는 검사에게 익명이나 구두로 신청 여부에 대해서 미리 상담하는 것이 효과적입니다.

예컨대, 변호사의 경우에는 의뢰인의 신원을 밝히지 않고 담당 검사에게 구두로 해당 카르텔의 내용과 제출할 수 있는 자료에 대해서 대략적인 설명을 할 수 있습니다. 이에 대해서 검사는 정식으로 형사리니언시 절차가 진행된 것이 아니기 때문에 형벌감면 여부에 대해서 확답하기는 어렵지만, 형사리니언시 신청 대상이 되는지 여부에 대해서 원론적인 답변을 할 수 있고, 변호사는 이를 토대로 의뢰인과 상의하여 형사리니언시 신청 여부를 결정하면 됩니다.

실제로 가이드라인 시행 전에도 검찰에서는 카르텔 자수 절차 등에 대해서 구두 상담을 적극 활용하고, 상담 내용대로 형벌감면이나 강제수사 면제 등의 혜택이 주어진 사례들이 있습니다. 다만, 익명으로 이루어지는 상담 등은 정식 형사리니언시 신청으로 인정받지 못할 수 있습니다. 또한, 형사리니언시의 자격과 내용은 그 신청 순위에 따라서 달라질 수 있습니다. 따라서, 처음에는 익명과 구두 절차를 활용하더라도 가급적 신속히 가이드라인에서 정한 요건을 갖추어 정식으로 형사리니언시 신청 절차를 밟는 것이 바람직합니다.

28. 둘 이상의 기업이나 개인이 공동으로 형사리니언시를 신청하는 것도 가능한가요?

형사리니언시는 선착순의 원칙에 따라 부여되므로 신청 순위가 매우 중요합니다. 따라서, 둘 이상의 기업이나 개인이 공동으로 형사리니언시를 신청하는 것은 원칙적으로 허용되지 않습니다. 다만, 기업이 형사리니언시를 신청할 때 관련 기업들이 실질적 지배관계 등 특수한 관계가 있는 경우에 한해서 예외적으로 공동신청이 허용됩니다. 이때에는 공동신청의 요건이 충족되지 못할 경우에 대비해 공동신청인 간의 순위에 대해서도 예비적으로 밝혀야 합니다(지침 제3조 제2항).

29. 기업이 형사리니언시를 신청하는 경우 소속 임직원도 함께 형벌감면을 받을 수 있나요?

원칙적으로 기업에 대한 형사리니언시와 전현직 임직원 등 개인에 대한 형사리니언시는 구별됩니다. 하지만, 기업이 형사리니언시를 신청하는 과정에서 기업의 뜻에 따라서 수사와 재판에 협력한 소속 임직원은 기업과 더불어 형사리니언시를 받을 수 있습니다. 이를 위해서 가이드라인은 기업리니언시를 신청할 때 기업과 함께 형벌감면을 받기 원하는 소속 임직원에 대해서도 밝힐 수 있도록 규정하고 있습니다(지침 제3조 제1항 제6호).

30. 기업과 함께 소속 임직원이 형사리니언시를 받기 위한 요건은 무엇인가요?

기업 소속 임직원에 대한 형벌감면의 법적 성격은 기업리니언시의 확장이지 개인리니언시가 아닙니다. 따라서, 기업리니언시를 신청할 때 위 임직원들이 포함되어 있어야 하며, 기업에게 부과되는 협조 의무 등은 임직원들에도 적용됩니다. 따라서, 기업은 해당 임직원이 검찰의 수사 및 재판에 성실히 협조할 수 있도록 적극적으로 관리감독해야 합니다.

기업리니언시 신청시 포함된 소속 임직원이라고 하더라도, 위와 같은 협조 의무를 성실히 이행하지 않는 경우에는 기업리니언시의 확장에서 배제됩니다(carve-out). 만약, 해당 카르텔을 입증하는데 중요한 역할을 해야 할 임직원의 협조 위반에 대해서 기업이 책임이 있을 경우에는 기업에 대한 형사리니언시도 부정될 수 있습니다.

기업 소속 임직원의 지위는 기업이 검찰에 형사리니언시 신청이 접수한 시점을 기준으로 확정됩니다. 따라서, 위 시점에 형사리니언시 신청 기업에 근무하고 있던 임직원이라면, 그 후 기업에서 퇴직하더라도 기업리니언시의 대상에 계속 포함될 수 있습니다.

31. 기업이 대표자 명의로 신청서를 제출한 경우 대표자 개인도 당연히 기업리니언시 대상에 포함되나요?

가이드라인 제3조 제1항 제1호에 규정된 '대표자 이름'은 형사리니언시를 신청하는 법인 및 그 대표자를 특정하기 위한 것입니다. 대표자 개인이 카르텔에 관여하여 기업과 함께 형벌감면을 받기를 원하는 경우라면 가이드라인 제3조 제1항 제6호에 따라 대표자를 기업리니언시 확장 대상에 포함시켜야 하여야 합니다.

32. 기업이 형사리니언시를 신청할 때 '전직' 임직원도 함께 포함시킬 수 있나요?

원칙적으로 전직 임직원은 기업에 소속된 사람이 아니기

때문에 기업리니언시의 확장 대상이 될 수 없습니다. 따라서, 기업은 형사리니언신 신청시 가이드라인 제3조 제1항 제6호에 따른 형벌감면 대상자에 전직 임직원을 포함시킬 수 없는 것이 원칙입니다. 다만, 전직 임직원이 해당 카르텔을 입증하는데 매우 중요한 진술이나 증거를 제공할 수 있는 사람이고, 형사리니언시를 신청한 기업의 요청에 따라 수사와 재판에 성실히 협조할 수 있는 경우에는 예외적으로 검사의 재량에 따라 그를 기업리니언시의 확장 범위에 포함시킬 수 있습니다(carve-in). 전직 임직원이 기업과는 별개로 개인리니언시를 신청함으로써 형벌감면의 혜택을 받을 수 있는 것은 물론입니다.

33. 기업과 별도로 현직 임직원도 개인리니언시를 신청할 수 있나요?

개인리니언시는 기업리니언시와 별개이기 때문에 전직 임직원은 물론이고 현직 임직원도 기업과 별개로 개인리니언시를 신청할 수 있습니다. 다만, 현직 임직원은 기업이 형사리니언시를 신청하지 않을 경우에 개인리니언시를 활용할 유인이 크고, 기업이 형사리니언시를 신청하는 경우에는 기업리니언시에 자신을 포함시키는 것이 보다 편리할 것입니다.

34. 기업과 개인이 각자 형사리니언시를 신청할 경우 둘 사이의 관계는 어떻게 되나요?

기업리니언시와 개인리니언시는 그 주체가 엄밀히 구별되며, 양자는 경쟁 관계에 있습니다. 전현직 임직원이 개인

자격으로 자신이 관여했던 기업의 카르텔에 대해서 개인리니언시를 신청할 경우 형사리니언시 대상자는 그 개인이며, 해당 기업은 개인리니언시를 원용할 수 없습니다. 예컨대, 개인 A가 기업과 무관하게 가장 먼저 개인리니언시를 신청한 후 기업 B가 기업리니언시를 신청하였다면, 개인 A가 제1순위 형사리니언시 신청인이 되고 기업 B는 카르텔 참가 기업들 중 가장 먼저 형사리니언시를 신청했다고 하더라도 제2순위 형사리니언시 신청인이 됩니다. 이는 개인 A가 기업 B의 현직 임직원이라고 해도 마찬가지입니다. 요컨대, 형사리니언시 신청 순위는 기업리니언시와 개인리니언시를 통합해서 판단하는 것이며, 각 유형별로 따로 순위를 매기는 것이 아닙니다.

35. 선순위 형사리니언시 자격을 빨리 얻고 싶은데, 형사리니언시 신청에 필요한 요건을 완비하지 못한 경우에는 어떻게 해야 하나요?

원칙적으로 형사리니언시는 가이드라인에서 정한 요건을 모두 갖추어 신청해야 합니다. 하지만, 카르텔의 세부적인 정보나 자료를 완전히 준비하기까지는 상당한 시간이 걸릴 수 있습니다. 예컨대, 기업의 준법 담당자가 카르텔을 발견했을 때 기업 입장에서는 일단 신속히 선순위 형사리니언시 자격을 확보하고 싶으나, 그 시점에서는 카르텔의 전모나 필요한 자료를 파악하지 못한 경우도 있습니다. 나아가 해당 카르텔에 대한 기업의 법적 책임 내지 불법행위(illgal activity)의 존부나 범위에 대해서 명확히 입장을 정하지 못한 상황도 생길 수 있습니다. 이러한 경우에도 필요최소한의 요건만 갖추면 일응 형사리니언시를 신청할 수 있는 잠정적인 순위를 부여하고 일정한 기간 동안 리니언시 신청에 필요한 요건들을 완비할 수 있도록 허용하는 것을 '마커'(marker) 시스템이라고 합니다. 처음부터 모든 요건을 완비하여 리니언시를 신청하는 사례는 있기 어렵기 때문에 실무상으로는 법적 책임 인정 여부와 무관하게 먼저 마커를 신청하여 잠정적인 순위를 확보한 후 정식으로 리니언시를 신청하는 경우가 많을 것입니다. 다만, 마커 시스템의 운용은 국내외 사법경쟁당국의 실무와 시대 상황에 따라 달라질 수 있음을 유의해야 합니다.

가이드라인은 제4조에서 '형벌감면 신청의 보정'에 관한 규정을 두고 있는데, 이는 마커 시스템까지 염두에 둔 것입니다. 위 규정에서는 '형벌감면 신청자'를 주체로 표현하고 있지만, 여기에는 잠재적인 형사리니언시 신청인 내지 마커 신청인이 포함됩니다. 따라서, 법적 책임 내지 행위의 불법성 인정 여부와 무관하게 일단 마커를 신청하여 잠정적인 형사리니언시 순위를 확보하는 것이 가능합니다. 다만, 법적 책임 내지 행위의 불법성을 부인하는 기업이나 개인에 대해서는 형사리니언시를 인정할 수 없고, 형사리니언시는 신청 순위가 매우 중요하므로 마커 이후 최대한 신속히 법적 책임 내지 불법행위를 인정하는 정식 형사리니언시 신청 여부를 밝혀야 합니다.

36. 마커의 지위나 효과는 어떻게 되나요?

마커의 핵심적인 효과는 일정 기간 동안 마커를 통해서 부여된 잠정적인 순위가 그대로 유지되는 것입니다. 즉, 마커 획득 후 정식 형사리니언시 신청과 자료 보완 등 보정이 완료되면 마커 순위에 따라서 형사리니언시 신청 순위가 인정됩니다. 따라서, 위 보정이 진행되는 동안에는 보다 충실한 요건을 갖춘 다른 마커나 형사리니언시 신청이 들어오더라도 선순위 마커가 침해되지 않습니다. 하지만, 정식 형사리니언시 신청과 보정이 완비되지 못할 경우에는 마커가 박탈되고, 후순위 마커 내지 형사리니언시 신청인이 그 지위를 대신 받을 수 있습니다. 다만, 후술하는 바와 같이 관련 형사재판이 진행되는 단계에서는 선순위 형사리니언시 신청인의 지위에 변화가 있더라도 후순위 형사리니언시 신청인의 지위에는 영향을 미치지 못합니다.

37. 마커 내지 형사리니언시 신청 순위를 획득할 수 있는 요건은 어떻게 되나요?

가이드라인은 제1순위, 제2순위 형사리니언시 신청인에게만 형벌감면의 혜택을 부여하기 때문에 원칙적으로 마커나 형사리니언시 신청인은 위 순위 안에 들어야 합니다. 또한, '신청인'이 누구이고 '카르텔의 개요'가 무엇인지 특정할 수 있어야 합니다. 카르텔의 개요에는 관련 시장, 품목, 피해자 등에 대한 필요최소한의 내용 등이 포함되어야 할 것입니다. 어느 정도까지 카르텔의 내용을 밝혀야 마커 내지 형사리니언시 신청 순위를 부여받을 수 있을지는 상황별로 다를 수 있습니다. 예컨대, 검찰에서 당해 카르텔에 대해서 모르는 상태에서는 상대적으로 낮은 수준의 정보 등을 제공하더라도 위 순위를 받을 가능성이 클 것입니다. 반면, 이미 검찰에서 당해 카르텔에 대해서 인식하거나 수사를 개시한 이후에는 보다 충실하고 유의미한 정보와 증거를 제공해야만 위 순위를 취득할 수 있을 것입니다.

38. 형사리니언시 신청 순위는 어떻게 알 수 있나요?

가이드라인에서 정한 요건을 구비하여 형사리니언시를 신청한 경우 검찰에서는 신청 일시 등을 확인할 수 있는 서면을 신청인에게 교부하게 됩니다. 형사리니언시 신청인은 위 서면을 통해서 자신의 순위를 확인하거나 증빙할 수 있습니다. 형사리니언시는 제1순위와 제2순위 신청인까지만 인정될 수 있으므로, 원칙적으로 제2순위까지만 서면에 순위와 일시가 모두 기재되어 교부될 것입니다. 적법한 마커를 획득한 경우에는 마커 순위에 따라서 형사리니언시 신청 순위가 인정된다는 점은 앞서 설명한 바와 같습니다.

39. 제3순위 이하로는 마커나 형사리니언시를 신청할 수 없나요?

제2순위까지 적법한 마커 내지 형사리니언시 신청이 이루어진 후에 형사리니언시 신청 희망자가 있을 경우에는 검찰에서 이를 수용하지 못하는 것이 원칙입니다. 이 경우 담당검사는 위 희망자에게 "현 시점에서는 마커나 형사리니언시 대상자가 되기 어렵다"는 간략한 안내를 하게 될 것입니다. 하지만, 선순위 마커나 형사리니언시 신청인의 지위에는 변경이 생길 수 있기 때문에 위 희망자는 추후 자신에게 기회가 올 것에 대비하여 여전히 형사리니언시 관련 절차를 진행하기 원할 수 있습니다. 이러한 경우에는 검찰에서 순위를 막론하고 마커 내지 형사리니언시 신청에 준하는 절차를 진행하면서 위 희망자가 관련 정보나 자료를 제공한 날짜와 시간을 확인할 수 있는 서면을 교부하게 될 것입니다. 다만, 제3순위 이하에 대해서는 위 서면에 신청 일시 외에 순위는 따로 기재되지 않을 것입니다.

40. 형사리니언시가 인정되는 단위는 어떻게 되나요?

원칙적으로 형사리니언시는 각 카르텔 별로 인정됩니다. 카르텔은 기업 간 합의로 성립되기 때문에 형사리니언시의 순위와 효과는 그 신청 당시 밝힌 카르텔의 합의(agreement) 내지 공모(conspiracy)의 범위 내에만 적용됩니다. 따라서, 신청인은 각 카르텔 별로 순위 경쟁을 해야 합니다. 예컨대, 제일 먼저 형사리니언시를 신청한 기업이나 개인 A가 카르텔 X에 대해서 밝힌 직후 다른 기업이나 개인 B가 카르텔 X와 카르텔 Y에 대해서 형사리니언시를 신청한 경우 B는 카르텔 X에 대해서는 제2순위, 카르텔 Y에 대해서는 제1순위를 인정받게 됩니다.

41. 검찰에서 충분한 정보와 증거를 확보한 상태에서도 마커나 형사리니언시 신청이 가능한가요?

형사리니언시제도는 카르텔 형사집행의 실효성을 높이기 위해서 이에 기여한 기업이나 개인에게 형사책임을 감면하는 것이기 때문에 위와 같은 기여가 없으면 형사리니언시 관련 절차를 진행할 수 없습니다. 따라서, 검찰에서 이미 관련 사건을 기소하고 재판을 진행하는데 필요한 정보와 증거를 확보한 상태라면 그 때부터는 순위를 막론하고 마커나 형사리니언시 신청이 불가능합니다.

42. 마커나 형사리니언시 신청을 보완할 수 있는 기간은 얼마나 되나요?

마커나 형사리니언시 신청을 보완할 수 있는 기간은 신청인의 의사를 감안하되, 원칙적으로 30일을 초과할 수 없습니다. 다만, 특별한 사정이 있는 경우에는 형사리니언시 담당 검사와 신청인이 협의하여 그 기간을 연장할 수도 있습니다. 예컨대, 국제카르텔 등 사안의 규모가 크고 증거 수집의 난이도가 높은 경우에는 검찰의 재량에 따라 탄력적으로 보정 기간을 정할 수 있습니다. 하지만, 실효적인 형사집행을 위해서 수사의 밀행성과 신속성을 크게 해치지 않는 범위에서만 기간 연장이 가능할 것입니다. 앞서 강조한 바와 같이, 법적 책임 내지 행위의 불법성에 대해서 언급하지 않은 마커 신청인은 최대한 신속히 법적 책임 내지 불법행위를 인정하는 정식 형사리니언시 신청 여부를 밝혀야 할 것입니다(지침 제4조 제2항, 제3항).

43. 보정 과정에서 처음 마커나 형사리니언시 신청시 밝힌 '카르텔 개요'와 내용이 달라질 수도 있나요?

상황에 따라서는 보정 과정에서 최초 마커나 형사리니언시 신청 당시 밝혔던 카르텔의 내용이 변경되는 경우도 생길 수 있습니다. 최초에 밝힌 카르텔의 개요가 고의 또는 중과실로 사실과 다르게 신고한 것이 아닌 이상, 보정 과정에서 그 내용을 수정하거나 보완하는 것은 일정 범위에서 허용됩니다. 보정 과정에서 최초의 신고내용보다 범위가 넓어지는 경우에는 새롭게 추가된 부분에 대해서도 이를 뒷받침할 수 있는 자료가 함께 제출되어야 합니다. 하지만, 위와 같은 신고 내용의 변경은 자칫 다른 형사리니언시 신청인의 이해관계와 충돌될 수도 있기 때문에 담당 검사와 사전에 충분히 협의하여 진행하는 것이 바람직합니다(지침 제4조 제4항).

44. 둘 이상의 기업들이 공동으로 형사리니언시를 신청한 경우 신청인들의 순위는 어떻게 되나요?

앞서 설명한 바와 같이, 둘 이상의 기업이나 개인이 공동으로 형사리니언시를 신청하는 것은 원칙적으로 허용되지 않습니다. 다만, 둘 이상의 기업이 실질적 지배관계에 있는 등 특수한 사정이 있는 경우에만 예외적으로 공동신청이 허용되며, 이때에는 신청인에게 동일한 순위가 부여될 수 있습니다. 공동신청을 하였으나 그 요건을 만족시키지 못한 경우에는 신청 당시 예비적으로 정해놓은 신청인들 간의 순위에 따르게 됩니다(지침 제5조 제2항, 제3항).

45. 공정거래위원회에 자진신고를 한 기업이나 개인도 형사리니언시를 신청할 수 있나요?

행정리니언시와 형사리니언시는 법적 근거나 절차가 구별되는 제도이기 때문에 공정거래위원회에 행정리니언시를 신청한 자진신고자도 검찰에 별도로 형사리니언시를 신청할 수 있습니다. 특히, 공정거래위원회에 자진신고를 한 것만으로 검찰의 가이드라인에서 정한 혜택을 당연히 받을 수는 없기 때문에 기업이나 로펌 등에서는 행정리니언시 신청 여부와 무관하게 신속히 형사리니언시를 신청하는 것이 바람직합니다.

46. 공정거래위원회의 제1~2순위 자진신고자가 검찰에 형사리니언시를 별도로 신청할 실익은 무엇인가요?

전속고발제 아래에서는 공정거래위원회로부터 행정리니언시를 받아 고발이 면제된 제1순위 및 제2순위 자진신고자의 경우 검찰에서 고발요청권을 행사하지 않는 한 기소되지 않을 수 있습니다. 하지만, 위와 같은 과정을 거칠 경우에도 공정거래위원회에 자진신고한 후 확정적으로 고발 면제를 받기까지는 수년 이상이 소요되는 사례들이 적지 않습니다. 이러한 경우에는 최종적으로 검찰에서 형사책임을 감면받기까지 자진신고자의 형사적 지위가 장기간 불안정해질 우려가 있습니다. 더욱이, 공정거래위원회에서 이루어진 자진신고의 요건과 절차에 대해서 검찰이 문제점을 발견한 경우에는 자진신고자에 대해서도 고발을 요청하여 기소 절차를 밟을 수도 있습니다. 이러한 점들을 고려하면, 공정거래위원회에 자진신고한 것만으로 당연히 형사책임까지 감면된다고 볼 수 없습니다.

그러므로, 전속고발제가 폐지되기 전에도 공정거래위원회에 대한 행정리니언시 신청과는 별도로 검찰에 형사리니언시를 신청하는 것이 형사적으로 불안정한 지위를 신속히 해소할 수 있는 가장 확실한 방법입니다. 나아가, 후술하다시피, 형사리니언시 신청인에 대해서는 압수수색 등 강제수사가 제한되기 때문에 전속고발제 폐지와 무관하게 검찰에 최대한 신속히 형사리니언시를 신청할 실익이 크다고 할 것입니다.

47. 공정거래위원회로부터 제1~2순위 마커를 얻지 못한 자진신고자도 형사리니언시를 신청할 수 있나요?

현재로서는 공정거래위원회로부터 제1순위나 제2순위 마커를 얻지 못했더라도 형사리니언시를 신청하는데 특별한 지장이 없습니다. 현재와 같이 공정거래위원회가 검찰과 리니언시 정보공유를 거부하는 상태가 계속되는 한, 검찰에서는 공정거래위원회에 자진신고가 이루어진 사실 자체를 알기 어렵습니다. 따라서, 공정거래위원회로부터 제3순위 마커를 부여받은 자진신고자도 검찰에 제일 먼저 형사리니언시를 신청하면, 검찰에서는 특별한 사정이 없는 한 가이드라인에 따라서 제1순위 내지 제2순위 형사리니언시 마커를 부여하게 될 것입니다. 나아가, 위 마커 취득자가 가이드라인에서 정한 요건을 모두 이행하게 되면 공정거래위원회의 자진신고 절차와 무관하게 형벌감면의 혜택을 받을 수 있을 것입니다.

48. 공정거래위원회의 고발 직전에 형사리니언시를 신청해도 형벌감면의 혜택을 받을 수 있나요?

직전 질의응답의 내용을 오해할 경우 공정거래위원회의 고발 직전에 형사리니언시를 신청해도 형벌감면의 혜택을 받을 수 있다고 생각할 수 있습니다. 하지만, 공정거래위원회가 장기간 행정조사를 거쳐 관련 정보와 증거를 수집하여 고발에 이를 단계라면, 공정거래위원회와 협력관계에 있는 검찰에서 고발 대상 기업에 대해서 일방적으로 형사책임을 감면하는 것은 형사리니언시제도의 취지에 맞지 않습니다. 무엇보다 위 단계에서는 검찰에서도 이미 해당 사건에 대해서 상당 부분 인지하고 있기 때문에 형사리니언시의 구체적인 요건에도 부합하지 않을 가능성이 큽니다. 따라서, 형사리니언시 신청은 가급적 공정거래위원회나 검찰이 관련 정보나 증거를 확보하지 못한 초기 단계에 하는 것이 바람직합니다. 공정거래위원회로부터 제1~2순위 마커를 받지 못한 자진신고자가 검찰에서 형벌감면의 혜택을 받을 수 있는 사례는 이처럼 초동단계에서 형사리니언시 신청이 이루어진 경우일 것입니다.

49. 검찰의 형사리니언시가 공정거래위원회의 자진신고자에 대한 기소에는 어떤 영향을 미칠 수 있나요?

검찰의 형사리니언시와 공정거래위원회의 자진신고는 별개의 제도이기 때문에 상호 영향을 미치지 않는 것이 원칙입니다. 예컨대, 제3순위 자진신고자가 검찰에서 형사리니언시 대상자가 된다고 하더라도 공정거래위원회의 자진신고 과정에 하자가 없는 이상 검찰에서는 공정거래위원회에서 고발이 면제된 제1~2순위 자진신고자에 대해서는 여전히 기소를 하지 않게 될 것입니다. 요컨대, 가이드라인은 기소 과정에서 현행 리니언시제도의 혜택을 확대하는 것이지 축소하는 것이 아닙니다.

50. 검찰의 형사리니언시가 공정거래위원회의 자진신고자에 대한 수사에는 어떤 영향을 미칠 수 있나요?

형사리니언시가 자진신고자의 기소 여부에는 제도상 영

향을 미치지 않지만, 수사 과정에는 사실상 상당한 파급효과가 생길 수도 있습니다. 예컨대, 제3순위 자진신고자가 형사리니언시를 신청한 경우 검찰에서는 이를 토대로 압수수색 등 강제수사에 착수할 수 있는데, 공정거래위원회는 검찰과 리니언시 관련 정보공유를 거부하고 있기 때문에 검찰에서는 제1~2순위 자진신고자가 형사리니언시를 신청하지 않는 한 그들이 누구인지 알 수 없습니다. 또한, 형사리니언시를 신청하지 않은 제1~2순위 자진신고자에 대해서는 가이드라인에 따른 강제수사 면제의 혜택을 부여할 수 없기 때문에 강제수사의 대상에 이들이 포함될 가능성이 높습니다. 후술하다시피, 현행 공정거래법은 법정형(벌금)이 낮기 때문에 현실에서 기업이 가장 부담을 느끼는 것은 검찰의 기소보다 강제수사입니다. 검찰의 의도와는 무관하게 강제수사 과정에서 수사의 범위가 확대될 수 있기 때문입니다. 공정거래위원회와는 별도로 가급적 신속히 검찰에 형사리니언시를 신청해야 할 결정적 실익이 바로 여기에 있습니다.

따라서, 자진신고를 준비하는 기업이나 개인은 최소한 자진신고와 동시에 검찰에 형사리니언시를 신청하는 것이 바람직합니다. 이를 간과하여 자진신고 기업이 검찰의 압수수색을 당한다면, 비록 나중에 카르텔에 대한 기소가 이루어지지 않는다고 하더라도 기업으로서는 불필요한 불편과 리스크를 감내해야 합니다. 이 경우 형사리니언시 신청을 검토하는데 소홀했던 법률대리인 등은 업무상 과실(malpractice)로 의뢰인으로부터 책임을 추궁당할 수도 있으므로 특히 유의해야 할 것입니다.

51. 공정거래위원회의 자진신고자가 검찰에 형사리니언시를 신청했을 때 양 기관이 이중으로 조사를 진행하여 불편해지지 않나요?

전속고발제 아래에서도 행정집행과 형사집행은 그 요건과 절차가 다르기 때문에 공정거래위원회의 행정조사와 검찰의 수사가 별도로 이루어지는 것은 불가피합니다. 따라서, 전속고발제가 폐지되면 공정거래위원회와 검찰이 이중으로 행정조사와 수사를 하는 부작용이 생길 것이라는 우려는 제도와 현실을 오해한 것입니다.

다만, 공정거래위원회와 검찰이 동시에 행정조사와 수사를 중첩적으로 병행할 경우에는 사건 관계인의 불편과 법집행의 비효율을 가져올 수 있습니다. 하지만, 전속고발제 아래에서도 위와 같은 상황은 얼마든지 벌어질 수 있기 때문에 공정거래위원회의 전속고발을 통해서 이를 해결할 수는 없습니다. 결국, 중첩적인 법집행의 문제는 전속고발제가 아니라 양 기관의 신뢰와 협력을 통해서 해결할 수밖에 없습니다.

검찰의 기본적인 입장은 중대 사건의 경우에만 신속히 수사에 나서고, 그 외의 사건은 공정거래위원회의 행정조사가 이루어진 후에 수사나 기소의 필요성을 판단하는 것입니다. 그동안 시장과 소비자에게 막대한 피해를 가하는 카르텔임에도 전속고발제를 매개로 하여 공정거래위원회의 행정조사 과정에서 공소시효가 도과되거나 공소시효 만기에 임박하여 검찰에 고발이 이루어지는 사례가 적지 않았습니다. 이러한 부작용을 개선하기 위해서 법무부와 공정거래위원회는 카르텔 전속고발제를 폐지하고 일정한 중대 사건은 검찰이 공정거래위원회보다 먼저 수사를 진행하기로 합의한 바 있습니다. 따라서, 양 기관이 공정거래법 개정 여부와 무관하게 협력을 증진하고 합의의 정신을 실천한다면, 중첩 조사의 불편은 상당 부분 해소할 수 있을 것입니다. 나아가, 국제카르텔 등 난이도가 높은 사건일수록 검찰이 전문성과 수사력을 바탕으로 공정거래위원회보다 훨씬 짧은 기간에 성공적으로 수사와 기소를 마무리할 수 있다는 것은 이미 여러 사례를 통해서 실증적으로 확인된 바 있습니다. 카르텔에 대한 법집행의 핵심 역량은 사실확정과 증거확보에 있는 만큼 검찰에서 단기간에 위 절차를 이행하여 공정거래위원회와 그 결과물을 공유한다면, 공정거래위원회의 행정조사 기간도 대폭 단축되어 국가 자원의 효율적 분배와 사건 관계인의 편의에도 크게 기여할 것으로 예상됩니다.

52. 공정거래위원회에 자진신고한 후 검찰에 형사리니언시를 신청한 것을 이유로 공정거래위원회에서 불이익을 받을 수 있나요?

공정거래위원회에 자진신고를 한 후 검찰에 형사리니언시를 신청하였을 때 혹시 공정거래위원회로부터 자진신고자의 비밀유지의무 위반 등을 이유로 불이익을 받지 않을지 걱정할 수 있습니다. 하지만, 형사리니언시는 검찰의 고유 권한으로서 공정거래위원회가 법적 근거나 명분 없이 관여할 수 없습니다. 무엇보다 형사리니언시 신청은 형법상 자수 규정 등에 따른 적법한 절차이기 때문에 자진신고자가 비밀유지의무를 위반한 것으로 볼 수 없습니다. 현재에도 공정거래위원회는 국제카르텔에 가담한 기업이 자진신고 후 외국 사법경쟁당국에 리니언시를 신청하는 것에 대해서 불이익을 가하기 어렵고, 더욱이 같은 국가의 사법당국인 검찰의 형사집행을 방해할 수 없습니다. 만약, 공정거래위원회가 형사리니언시 신청을 이유로 자진신고자에게 불리한 처분을 할 경우에는 위법한 행위로서 행정소송에서 취소 대상이 되고, 나아가 각종 민·형사상 책임이 문제될 수도 있습니다. 따라서, 형사리니언시 신청으로 인해서 공정거래위원회로부터 불이익을 받을 수 없을 것입니다.

53. 공정거래위원회에 대한 자진신고자가 형사리니언시를 신청했을 때 검찰에서 고발요청권을 행사할 가능성은 없나요?

전속고발제 아래에서 자진신고를 통해서 공정거래위원회로부터 고발을 면제받았다고 해서 형사처벌 가능성이 완전히 없어지는 것은 아니라는 점은 앞서 설명한 바와 같습니다. 하지만, 아직까지 공정거래위원회로부터 고발을 면제받은 기업에 대해서 검찰이 고발요청권을 행사한 사례는 없습니다. 앞으로도 행정리니언시 절차에 하자가 없는 이상 검찰에서 자진신고자에 대해서 고발요청권을 행사할 가능성은 희박합니다. 더욱이, 가이드라인에서 형사리니언시 신청인에 대한 형벌감면을 공식적으로 규정하였기 때문에 행정리니언시 여부를 불문하고 형사리니언시 신청으로 인해서 검찰에서 불이익을 당할 가능성은 없습니다.

54. 공정거래법상 입찰담합 자진신고자를 검찰에서 형법상 입찰방해죄나 건설산업기본법위반죄로 처벌할 가능성은 없나요?

가이드라인을 만든 주된 취지 중 하나는 전속고발제 적용 여부를 불문하고 카르텔 형사집행의 정합성을 실현하는 것입니다. 검찰에서 전속고발제가 적용되는 공정거래법상 입찰담합에 대해서는 공정거래위원회의 고발이 없다는 이유로 처벌하지 않으면서, 사실상 같은 사건을 전속고발제가 적용되지 않는다는 이유만으로 형법상 입찰방해죄나 건설산업기본법위반죄로 처벌하는 것은 형평의 원칙상 바람직하지 않습니다. 이러한 사례를 방지하기 위해서 가이드라인은 위 세 가지 법률과 죄명에 모두 적용되도록 규정하고 있습니다. 따라서, 형사리니언시 신청인에 대해서는 위 모든 죄명에 대해서 동일하게 혜택이 부여되며, 검찰에서 선택적이거나 자의적인 형사집행이 이루어질 우려는 없습니다.

55. 전속고발제가 폐지되어도 행정리니언시와 형사리니언시를 각각 따로 신청해야 하나요?

행정리니언시와 형사리니언시의 법적 성격이 다르다고 하더라도 공정거래위원회와 검찰에 이중으로 리니언시를 신청하는 것은 번거로울 수 있습니다. 공정거래위원회는 공정거래법상 전속고발제와 비밀유지의무를 명분으로 검찰과 리니언시 관련 정보를 공유하는데 소극적이기 때문에 현재로서는 행정리니언시와 형사리니언시를 통합적으로 운용하는 것이 곤란합니다.

공정거래위원회와는 달리, 검찰에서는 현행 공정거래법에 의하더라도 양 기관의 정보공유가 가능하고, 이를 토대로 두 리니언시제도를 유기적이고 간소하게 운영하는 것이 바람직하다는 입장을 취해 온 것으로 알려져 있습니다. 검찰은 공정거래위원회의 고발 등을 처리해야 하는 유관 국가기관이기 때문에 양 기관이 일정한 기준을 마련하여 리니언시와 관련된 정보를 공유하더라도 공정거래법상 비밀유지의무 위반이 될 수 없습니다. 양 기관 정보공유가 원활히 이루어진다면, 공정거래위원회와 검찰 중 어느 한 곳에 자진신고를 하더라도 행정리니언시와 형사리니언시를 동시에 신청한 것으로 간주하여 신청인의 편의와 예측가능성을 대폭 향상시킬 수 있을 것입니다. 하지만, 공정거래위원회가 정보공유와 협력에 소극적인 한 불가피하게 양 기관에 별도로 리니언시를 신청해야 하는 상황이 계속될 것으로 보입니다.

공정거래위원회와 검찰이 합의한 전속고발제 폐지 관련 공정거래법 개정안에 따르면, 양 기관이 정부 차원에서 하나의 리니언시 창구만 둠으로써 형사리니언시와 행정리니언시를 한 번에 신청할 수 있도록 규정하고 있습니다. 향후 위 합의에 따라서 전속고발제가 폐지되고 리니언시 신청 절차가 개선된다면, 행정리니언시와 형사리니언시를 따로 신청할 필요가 없게 될 것입니다.

56. 공정거래위원회에 자진신고를 하면서 검찰과 관련 정보를 공유하도록 요청할 수 있나요?

현행 공정거래법과 그 시행령에 따르면, 자진신고자가 동의를 한 경우 자진신고 관련 정보를 타인에게 제공할 수 있습니다. 공정거래위원회는 비밀유지의무를 명분으로 하여 검찰과의 정보공유를 거부해온 것이기 때문에, 자진신고자의 동의나 요청이 있을 경우 더 이상 정보공유를 거부하기 어려울 것입니다. 만약, 공정거래위원회가 검찰에 당해 정보를 제공한다면, 검찰에서는 자진신고자의 편의를 위해서 공정거래위원회의 정보제공 시점에 형사리니언시 신청이 이루어진 것으로 간주하여 관련 절차를 진행하는 방안도 검토할 수 있을 것으로 예상됩니다. 다만, 공정거래위원회가 자진신고자의 요청에 따라 검찰에 관련 정보를 제공하더라고 그 시점에 대해서는 예측가능성이 떨어지고 선순위 형사리니언시 자격을 확보하는 것이 중요하므로, 가급적 신속하게 검찰에 직접 형사리니언시를 신청하는 것이 효과적일 것입니다.

제2절 형벌감면 요건 및 판단기준

5 형사리니언시의 요건

57. 형사리니언시의 유형에는 어떤 것들이 있나요?

앞서 설명한 바와 같이, 형사리니언시는 그 신청 주체에 따라서 '기업리니언시'와 '개인리니언시'로 나눌 수 있습니다. 또한, 형사리니언시는 신청 주체를 불문하고, 그 순위, 요건, 효과에 따라서 몇 가지 유형으로 나누어 볼 수 있습니다.

먼저 제1순위 형사리니언시 대상자에 대해서는 형사처벌

이 면제되는데, 이는 형사리니언시 신청 당시 검찰에서 관련 정보를 확보하고 있는지 여부에 따라서 실무상 'Type A'와 'Type B'로 분류할 수 있습니다. 전자는 검찰에서 당해 카르텔에 대해서 모르는 상태에서 형사리니언시 신청이 이루질 경우에 적용되고(지침 제6조 제1항), 후자는 이미 검찰에서 당해 카르텔에 대해서 어느 정도 인식하거나 수사에 착수한 이후에 형사리니언시를 신청한 경우에 적용됩니다(지침 제6조 제2항). 다음으로 제2순위 형사리니언시 대상자에 대해서는 형사처벌이 감경되는데, 실무상 이를 'Type C'라고도 합니다(지침 제6조 제3항).

58. 제1순위 형사리니언시를 두 유형으로 나눈 이유는 무엇인가요?

제1순위 형사리니언시는 Type A와 Type B 모두 검찰에서 기소하지 않음으로써 형사처벌이 면제된다는 점에서 법적 효과는 동일합니다. 하지만, 아래에서 설명하는 바와 같이, 위 두 유형은 형사리니언시 신청 당시 검찰에서 해당 카르텔에 대한 정보나 증거를 보유하는 상황이 달라서 형사리니언시의 요건을 충족하는지 여부를 판단함에 있어서 차이가 생길 수 있습니다. 대체로, Type A의 경우에 Type B, Type C보다 유연하게 형사리니언시가 인정될 가능성이 높습니다.

59. 제1순위와 제2순위 형사리니언시의 효과를 다르게 취급하는 이유는 무엇인가요?

미국 연방검찰에서는 Type A와 Type B를 막론하고, 제1

순위 신청인에게만 리니언시를 인정하고 있습니다. 이와 달리, 우리나라의 현행 공정거래법과 공정거래위원회는 제2순위 자진신고자에게도 리니언시를 인정하는 한편, 제1순위자와 마찬가지로 전속고발을 하지 않음으로써 사실상 형사처벌도 면하는 결과가 많이 있었습니다. 이러한 제도 및 실무에 대해서는 과도한 혜택이라는 비판이 제기되어 왔습니다. 그래서 법무부와 공정거래위원회가 합의한 공정거래법 개정안에서는 전속고발제를 폐지하는 한편, 제2순위자에게는 형벌의 감경만 인정하고 있습니다. 이러한 점들을 고려하여 가이드라인에서도 제2순위자도 형사리니언시를 신청할 수 있도록 하되, 형의 면제 대신 감경만 부여하도록 한 것입니다. 앞서 설명한 바와 같이, 전속고발제 아래에서 공정거래위원회로부터 정당하게 제2순위 자진신고자 지위를 부여받은 경우에는 검찰에서 기소가 이루어질 가능성이 희박하기 때문에 가이드라인에서 제2순위 형사리니언시 신청인에 대해서 형을 면제하지 않더라도 제2순위 자진신고자에게 불리한 것은 아닙니다.

60. 제1~2순위 형사리니언시 대상자는 아니지만, 검찰의 수사와 재판에 협조한 기업이나 개인은 어떤 혜택을 받을 수 있나요?

형사리니언시는 제1순위와 제2순위 신청인이 가이드라인에서 정한 요건을 충족할 경우에만 부여될 수 있습니다. 따라서, 위 순위와 요건을 갖추지 못한 기업이나 개인은 원칙적으로 형사리니언시를 받을 수 없습니다. 하지만, 검사는 수사와 재판 과정에서 폭넓은 재량을 가지고 있기 때문에 형사집행에 기여한 기업이나 개인에 대해서는 정의와 형평에 반하지 않는 범위에서 강제수사 면제, 형벌감면 등의 혜택을 부여할 수 있습니다. 다만, 위 혜택의 법적 성격은 검사의 일반적인 재량권의 행사이며, 가이드라인이 정하고 있는 형사리니언시는 아니라고 할 것입니다.

61. 제1순위 형사리니언시 중 Type A의 요건은 무엇인가요?

제1순위 형사리니언시 중 Type A를 인정받기 위해서는 우선 형사리니언시의 신청 시점이 검찰의 '수사 착수 전'이어야 합니다. 다음으로, 카르텔을 규명하는데 필요한 정보 등을 검찰에 제공해야 합니다. 즉, 형사리니언시 신청 당시 검찰에서 해당 카르텔에 대한 정보 등을 입수하지 못한 상태에서 위 정보 등을 제공해야 합니다. 앞서 설명한 바와 같이, 원칙적으로 형사리니언시 신청은 단독으로 해야 하며, 예외적으로만 둘 이상의 기업이 일정한 요건을 갖추어 공동으로 형사리니언시를 신청할 수 있습니다. 또한, 형사리니언시 신청인은 해당 카르텔을 중단하여야 하며, 검찰의 수사와 재판이 끝날 때까지 성실히 협조해야 합니다(지침 제6조 제1항).

62. Type A에서 '수사 착수 전'이란 어떤 의미인가요?

넓은 의미의 '수사'는 범죄 혐의를 포착하고 규명하기 위한 수사기관의 모든 활동을 아우르는 것입니다. 이론상으로는 그 형식과 실질에 따라서 수사와 내사를 구별하기도 하지만, 가이드라인에서 말하는 수사는 포괄적인 개념으로서 범죄 혐의를 포착하기 위한 정보수집 활동도 이에 포함될 수 있습니다다. 또한, 형사소송법상 검사는 범죄 혐의가 발견된 경우 수사를 개시하여야 합니다. 그렇다면, 형사리니언시 신청 당시 이미 검찰에서 특정 카르텔에 대한 정보를 입수한 상태라면, 사실상 '수사 착수 전'이라고 보기 어려울 때가 많을 것입니다. 미국 연방검찰의 가이드라인에서도 Type A는 '수사(investigation) 개시 전'에 적용되는 것으로 표현하면서, 그 구체적인 의미는 반독점국이 아직 해당 불법행위에 대한 '정보(information)'를 입수하지 못한 상태로 설명하고 있습니다.

63. 가이드라인에서 '수사 착수 전'과 관련하여 정보뿐만 아니라 증거에 대해서도 언급한 이유는 무엇인가요?

검찰에서는 가이드라인을 만들면서 가급적 형사리니언시의 혜택을 폭넓게 적용할 수 있도록 그 요건을 포괄적으로 규정하고자 노력했습니다. 가이드라인에서 말하는 정보와 증거는 모두 당해 카르텔을 규명하기 위한 자료에 해당합니다. 그런데, 형사소송법상으로는 사건의 실체를 규명하기 위한 자료에 대해서는 주로 '증거'라는 용어가 사용되며, '정보'라는 용어는 찾아보기 어렵습니다. 또한, 실무상으로도 정보와 증거는 명확히 구별하기 어려운 경우가 적지 않습니다. 예컨대, 카르텔에 가담한 사람이 검찰에 일정한 형식을 갖추어 그 내용을 진술하였을 경우 위 진술은 정보일 뿐만 아니라 증거에도 해당합니다. 그래서 가이드라인 제6조에서는 표현의 중복으로 다소 혼란이 있을 수도 있으나 Type A와 Type B의 요건과 관련하여 정보와 증거를 모두 설시함으로써 유연한 적용을 의도한 것입니다. 다만, 앞서 설명한 바와 같이, 검찰에서 정보를 입수한 경우라면 이미 수사가 개시되었다고 볼 여지가 크기 때문에 실무상 '검찰에서 필요한 증거를 충분히 확보하지 못한 상태'가 적용되는 경우는 대부분 Type B일 것입니다.

64. 검찰의 '수사 착수'과 공정거래위원회의 '조사 개시'는 어떻게 다른가요?

공정거래위원회에서는 Type A에 해당하는 자진신고와 관련하여 그 시점을 '조사 개시' 전으로 규정하고 있습니다. 그런데, 검찰의 가이드라인과 달리 공정거래위원회의 자진신고 관련 고시에서는 조사 개시의 의미를 '현장조사' 등으로 한정하고 있습니다. 즉, 공정거래위원회의 조사 활동이 외부로 표출된 때에만 비로소 조사 개시로 보는 것입니다.

리니언시 신청인 입장에서는 공정거래위원회의 태도가 보다 명확해서 유리하게 느낄 수 있습니다. 하지만, 공정거래위원회의 입장에 따르면 정의와 형평에 반할 우려가 있습니다. 예컨대, 공정거래위원회의 내부 조사 과정에서도 카르텔을 규명하고 제재하는데 충분한 정보와 증거가 수집될 수도 있는데, 이러한 상황에서도 자진신고가 이루어졌다는 이유만으로 책임을 면제하는 것은 리니언시제도의 취지에 반하는 것입니다. 공정거래위원회에서 요구하는 '필요한 증거'의 해석에 따라 결론이 달라질 수도 있겠지만, 문언 해석상 논란의 소지가 있습니다. 이러한 점을 고려하여, 검찰에서는 가이드라인에서 수사 착수 시점을 외부적 활동 개시로 한정하지 않은 것입니다.

65. 제1순위 형사리니언시 중 Type B의 요건은 무엇인가요?

Type B는 Type A와 달리 검찰의 '수사 착수 후'에 형사리니언시 신청이 이루어지는 경우에 적용됩니다. 앞서 설명한 바와 같이, Type B는 실무상 검찰에서 해당 카르텔에 대한 정보는 어느 정도 입수하여 수사에 착수한 것으로 볼 수 있으나, 유죄를 입증할 수 있을 정도로 충분한 증거를 확보하지 못한 상태에서 주로 활용될 것입니다. 그 밖의 구체적인 요건들은 Type A의 경우와 유사합니다. 즉, 카르텔을 입증하는데 필요한 증거 등을 제공하는 제1순위 신청인으로서 협조 의무를 다하고 해당 카르텔을 중단해야만 형사리니언시를 인정받을 수 있습니다(지침 제6조 제2항).

66. 제2순위 형사리니언시(Type C)의 요건은 무엇인가요?

Type C는 제1순위 형사리니언시(Type A/B 불문) 신청이 이루어진 후 제2순위로 이루어진 형사리니언시 신청에 적용됩니다. 가이드라인에서는 폭넓은 적용을 위해서 Type C의 신청 시점을 수사 착수 전후에 모두 가능한 것으로 규정하고 있습니다. 하지만, 제1순위 형사리니언시 신청이 있으면 검찰에서는 이미 해당 카르텔에 대한 정보를 어느 정도 파악하고 수사에 착수하게 되므로, 사실상 Type C는 대부분 '수사 착수 후'에 적용될 것입니다. 그 밖의 요건들은 제1순위 형사리니언시와 크게 다르지 않습니다. 즉, 카르텔을 입증하는데 필요한 증거 등을 제공하고, 협조 의무를 이행하는 한편, 카르텔을 중단해야 합니다. 만약, 제1순위 형사리니언시 신청 과정에서 이미 카르텔을 입증하는데 필요한 증거가 모두 확보되었다면, 그 이후에는 더 이상 제2순위 형사리니언시를 신청할 수 없습니다. 이와 달리, 제1순위 형사리니언시 신청 당시에는 카르텔 입증에 필요한 증거가 부족하여 보정 절차가 진행되는 상황에서는 제2순위 형사리니언시 신청이 가능합니다(지침 제6조 제3항).

67. '카르텔을 입증하는데 필요한 증거'는 무엇인가요?

형사리니언시 신청인이 검찰에 제출한 증거가 해당 카르텔을 입증하는데 '필요한' 증거인지 여부에 대해서는 제출된 증거를 전체적으로 고려하여 판단하게 됩니다. 예컨대, 카르텔에 참여한 기업들 간에 작성된 합의서나 회의록 등 카르텔의 성립이나 실행을 직접적으로 입증할 수 있는 자료는 위 증거에 해당합니다. 위와 같이 카르텔의 합의나 이행 과정에서 생성된 자료는 아니더라도 카르텔에 참여한 기업이나 임직원이 사후적으로 카르텔에 대해서 구체적으로 진술한 서면 등도 위 증거로 인정될 수 있습니다. 증거의 형식이나 종류에는 제한이 없으므로 문서, 녹음테이프, 컴퓨터파일 등 다양한 형태로 증거를 제출할 수 있습니다(지침 제7조).

68. '카르텔을 입증하는데 필요한 증거'는 어느 정도의 증거가치를 가져야 하나요?

형사리니언시 신청인이 제공하는 증거는 궁극적으로 관련 형사재판의 유죄 판결에 기여해야 합니다. 하지만, 판사나 검사에 따라서 증거에 대한 판단이 다를 수 있고, 너무 높은 증거가치를 요구할 경우 형사리니언시제도가 잘 활용되지 못할 우려가 있습니다. 따라서, 반드시 법원에서 유죄가 선고될 정도의 증명력을 가져야만 가이드라인에서 말하는 '카르텔을 입증하는데 필요한 증거'가 될 수 있는 것은 아닙니다. 신청인이 제공한 자료가 위 증거에 해당하는 증명력을 가지고 있는지 여부는 해당 형사리니언시의 유형과 각 사안별로 달라질 수 있습니다. 다만, 신청인이 제공한 정보나 증거가 공범에 대한 압수수색, 기소 등 중요한 형사집행 절차를 진행하는데 기여해야 형사리니언시의 대상이 될 수 있을 것입니다.

69. 형사리니언시의 유형에 따라서 '카르텔을 입증하는데 필요한 증거'에 대한 판단이 어떻게 달라지나요?

동일한 정보나 증거라고 할지라도 검찰에서 해당 카르텔에 대한 정보나 증거를 확보한 정도가 낮을수록 그 가치가 높아집니다. 따라서, Type A에 대해서 관련 요건이 가장 완화되고, Type B, Type C로 갈수록 보다 높은 가치의 증거를 요구하게 될 것입니다. 예컨대, Type A에서는 신청인이 카르텔에 대한 구체적인 정보를 제공하여 형사집행 절차에 의미 있는 기여를 하였다면, 그가 제출한 자료의 증거가치가 다소 부족하더라도 형사리니언시가 인정될 가능성이 상대적으로 높습니다. 반면, Type B나 Type C의 신청인은 Type A나 선순위 신청인에 비해서 유의미하고 충실한 증거 등을 제공해야만 형사리니언시의 요건을 구비한 것으로 취급될 것입니다.

70. 법원에서 관련 사건에 대해서 무죄를 선고한 경우에도 '카르텔을 입증하는데 필요한 증거'를 제공한 것으로 볼 수 있나요?

가이드라인에서 요구하는 증거의 기준을 너무 높게 설정하면, 요건 불충족으로 형사리니언시가 부정되는 사례가 많아지게 되고, 결국에는 형사리니언시제도가 잘 활용되지 못할 우려가 있습니다. 따라서, 형사리니언시 신청인이 필요한 증거를 제출할 의무를 다했는지 여부는 입증의 '충분성' 못지않게 증거 제출의 '성실성' 내지 '충실성'까지 종합적으로 고려해서 판단하게 될 것입니다. 예컨대, 형사리니언시 신청인이 최선을 다해서 유의미한 정보와 증거를 제공하였고, 이를 기반으로 검찰에서 수사를 진행하여 공범 등을 성공적으로 기소하였다면, 비록 신청인이 제공한 증거만으로는 카르텔을 입증하기에 부족했더라도 형사리니언시는 인정되어야 할 것입니다. 이러한 경우에는 설사 법원에서 검찰과의 견해 차이로 무죄가 선고된다고 하더라도 형사리니언시가 부정되지 않을 것입니다. 특히, 기소되지 않은 제1순위 형사리니언시 신청인에게는 공범에 대한 무죄 판결의 효력이 당연히 미치는 것은 아니기 때문에 형사리니언시 관련 지위와 절차는 여전히 의미가 있을 수 있습니다.

71. 수사와 재판 관련 '협조 의무' 이행의 판단기준은 어떤 것인가요?

형사리니언시 신청인은 카르텔과 관련된 사실을 모두 진

술하고, 관련 자료를 제출하는 등 검찰의 수사 및 재판이 끝날 때까지 성실하게 협조하여야 합니다. 이 요건의 충족 여부를 판단할 때에는 신청인이 지체 없이 당해 카르텔과 관련된 사실을 모두 진술하고 모든 자료를 제출하였는지 여부, 사실 확인을 위한 검찰의 요구에 대해 성실히 협력하였는지 여부, 관련 임직원들이 수사와 재판에 협력하였는지 여부, 관련 자료를 인멸하지 않고 온전히 보전했는지 여부 등이 모두 고려될 것입니다(지침 제8조 제1항).

72. 형사리니언시 신청인의 비밀유지의무는 어떤 것인가요?

효율적인 형사집행을 위해서는 형사리니언시 신청과 관련된 사실이 외부에 유출되지 말아야 합니다. 위 사실이 누설될 경우 공범이 증거를 인멸하거나 사건 관계인을 회유·압박하여 진술을 왜곡시킬 우려가 있기 때문입니다. 그래서 가이드라인에서는 형사리니언시 신청인이 형사재판이 확정되기 전에 검찰의 동의 없이 형사리니언시 신청과 관련된 사실을 제3자에게 누설한 경우에는 협조 의무를 이행하지 않은 것으로 취급하고 있습니다. 다만, 신청인이 법령에 따라 위 사실을 공개하거나 외국정부에 알리는 등 불가피한 사정이 있는 경우에는 협조 의무 위반이 아닙니다. 예컨대, 해당 카르텔과 관련하여 외국 사법경쟁당국의 정당한 조사에 응하거나, 형사사법공조 요청에 따라 필요한 자료를 제출하는 것은 가능합니다(지침 제8조 제2항).

73. 기업리니언시에서 소속 임직원의 협조 의무는 어떤 것인가요?

형사리니언시 신청인이 기업인 경우 카르텔에 관여한 소속 임직원들이 수사와 재판에 적극 협조하도록 필요한 조치를 다해야 합니다. 일부 임직원이 소속 기업의 입장에 반하여 검찰에 협조하지 않을 경우 당연히 기업의 신청인 자격이 상실되는 것은 아니나, 카르텔을 입증하는데 중요한 역할을 해야 하는 임직원이 필요한 협조를 하지 않거나 임직원의 비협조가 기업의 방임이나 회유·압박에 기한 것으로 밝혀질 경우에는 검찰에서 형사리니언시를 부정하는 것은 물론 관련 범죄 행위에 대해서도 엄중한 책임을 물을 수 있습니다(지침 제8조 제3항).

74. '카르텔 중단'의 주체는 누구인가요?

카르텔의 중단은 카르텔에 참여한 주체인 기업 차원에서 이루어져야 하므로 원칙적으로 개인리니언시가 아닌 기업리니언시에 적용되는 요건입니다. 개인리니언시의 경우에도 신청인은 카르텔 가담 행위를 중지해야 할 것이지만, 이러한 행위만으로는 기업의 카르텔이 중단된다고 볼 수 없기 때문에 가이드라인은 기업리니언시와 관련하여 기업이 카르텔 중단의 주체인 것을 염두에 두고 그 요건을 규정하고 있습니다(지침 제9조).

75. 카르텔 중단은 언제, 어떻게 해야 하나요?

형사리니언시제도의 취지상 기업은 위법한 카르텔을 발

견한 즉시 이를 중단하기 위해서 즉각적이고 효과적인 조치를 취해야 함이 원칙입니다. 하지만, 가이드라인에서는 가급적 형사리니언시의 적용 범위를 넓히기 위해서 형사리니언시 신청 직후에도 카르텔을 중단하는 것을 허용하고 있습니다.

형사리니언시 신청 전에 이미 카르텔을 중단했다면, 그 사실을 확인할 수 있는 자료를 검찰에 제출하면 됩니다. 카르텔을 중단하지 않은 상태에서 형사리니언시를 신청한 경우에는 신청 후 즉시 카르텔을 중단해야 하며, 이를 확인할 수 있는 자료를 검찰에 제출해야 합니다. 카르텔의 중단은 원칙적으로 신청인이 카르텔에 참여한 다른 기업을 상대로 카르텔 합의에서 탈퇴하는 의사를 표시하고, 위 합의에 따른 행위를 중지하는 방식으로 이루어지게 됩니다. 다만, 수사의 밀행성과 효율성을 위해서 카르텔 중단의 시점과 방식은 검찰과 형사리니언시 신청인이 협의하여 탄력적으로 정할 수 있습니다. 만약, 형사리니언시를 신청한 이후에도 검찰의 동의 없이 지속적으로 카르텔에 참여한 사실이 밝혀지면 책임 감면을 받을 수 없습니다.

제3절 형벌감면 결정

6 형사리니언시의 결정

76. 형사리니언시의 효과는 무엇인가요?

형사리니언시의 법적 효과는 형벌을 면제하거나 감경하

는 것입니다. 헌법과 형사소송법에 따르면, 기소권은 검사만 행사할 수 있고 법원은 검사의 기소가 있어야만 유·무죄에 대한 판단을 할 수 있습니다. 즉, 재판부가 임의로 기소 대상이나 처벌 대상을 정할 수 없고 검사의 기소 여부에 따라 재판 대상이 정해지게 되는데, 이를 '불고불리'의 원칙이라고 합니다. 위 원칙에 근거하여, 제1순위 형사리니언시 대상자에 대해서는 검사가 기소권을 행사하지 않는 방식으로 재판과 처벌이 면제됩니다. 제2순위 형사리니언시 대상자에 대해서는 검사가 기소는 하지만 구형 단계에서 통상의 경우보다 1/2을 감경하여 구형하고 재판부에 대상자의 수사 협조 등 유리한 정상을 강조하는 방식으로 형벌이 감경될 수 있도록 조치하게 됩니다(지침 제10조 제1항, 제2항).

77. 검사가 제1순위 형사리니언시 대상자를 불기소하는 방식에는 어떤 것이 있나요?

검사가 제1순위 형사리니언시 대상자를 기소하지 않는 방식에는 몇 가지가 있습니다. 우선, 제1순위 형사리니언시 신청인을 처음부터 피의자로 입건하지 않은 채 그 상태를 계속 유지하는 것입니다. 하지만, 수사와 재판의 투명성과 예측가능성을 높이기 위해서 모든 형사리니언시 신청인은 일단 입건될 가능성이 큽니다. 입건 후 기소하지 않기 위해서는 검사의 불기소처분이 필요한데, 형사리니언시에서 활용될 수 있는 불기소처분의 유형은 '기소유예'가 될 것입니다. 기소유예란 혐의는 인정되나, 여러 가지 유리한 정상을 참작하여 기소를 하지 않는 것을 의미합니다. 만약, 공정거래위원회와 법무부가 합의한 바와 같이 전속고발제를 폐지하고 제1순위 리니언시 대상자에 대해서는 형을 면제하도록 공정거래법이 개정된다면, 검사는 '공소권없음' 주문으로 불기소처분을 하게 될 것입니다. 공소권없음이란 법률에 의하여 검사가 혐의 유무에 대한 실체적 판단을 하지 않고 사건을 종결하는 형식적인 판단을 말합니다. 가이드라인은 실질적으로는 강한 구속력이 있으나 형식상으로는 법률이 아니라 검찰의 실무 매뉴얼 성격을 가지기 때문에 위와 같은 법 개정이 이루어지기 전에는 공소권없음 처분은 불가능하고 기소유예 처분만 가능할 것입니다. 형사리니언시는 신청인이 혐의를 인정하는 것을 전제로 하기 때문에 신청인 입장에서 위 두 가지 불기소처분의 형식에 따른 실질적인 차이는 없을 것입니다.

78. 형사리니언시는 언제 최종적으로 결정되나요?

형사리니언시를 부여하는 시점 내지 방식에는 크게 두 가지를 상정할 수 있습니다. 수사 종료 내지 공범 기소 단계에서 일단 리니언시를 부여하되 리니언시 대상자가 재판에서 협조 의무를 위반할 경우에는 이를 취소 내지 철회하는 방식(해제조건부 리니언시)과 재판 마무리 단계에서 협조 의무의 이행이 모두 끝났을 때 확정적으로 리니언시를 부여하는 방식(정지조건부 리니언시)입니다.

신청인의 입장에서는 가급적 신속하게 리니언시가 주어지는 것을 선호할 수 있으나, 형사집행 절차에서는 신속성보다 법적 안정성이 더욱 중요합니다. 해제조건부 리니언시는 협조 의무 위반 여부에 따라서 구속 여부나 선고 결과가 달라지는 등 사건 관계인의 법적 지위를 매우 불안정하게 만들 수 있습니다. 이러한 점을 고려하여, 가이드라인에서는 정지조건부 리니언시를 염두에 두고 형사리니언시의 요건에서 협조 의무의 종료 시점을 '재판이 끝날 때'까지로 규정한 것입니다. 다만, 관련 형사재판이 확정될 때까지는 상당한 시간이 소요될 수도 있으므로, 형사리니언시 신청인의 불안을 해소하기 위해서 수사를 마치고 관련 공범에 대한 처분을 할 때에는 담당 검사가 신청인에게 향후 재판 단계에서 입장을 번복하지 않는 한 신청 순위에 따라서 형사책임이 감면될 것이라는 고지를 하는 방식 등으로 그의 잠정적 지위를 확인할 것입니다.

79. '재판이 끝날 때'란 어느 시점을 의미하나요?

가이드라인에서 말하는 '재판이 끝날 때'는 원칙적으로 재판 확정시를 의미하나, 형사리니언시 신청인의 협조는 사실 확정 단계에서 문제되는 것이므로 사실상 사실심의 결심 단계로 볼 수 있습니다. 즉, 사실심의 피고인신문과 증거조사가 종료될 때까지만 협조하면 의무를 다한 것으로 볼 수 있습니다. 앞서 설명한 바와 같이, 설사 재판부와의 견해 차이로 무죄가 선고된다고 하더라도 협조 의무를 다한 형사리니언시 신청인의 지위가 달라지는 것은 아닙니다.

80. 담당 검사가 가이드라인에서 정한 형벌감면의 효과를 인정하지 않거나 변경할 수 있나요?

가이드라인의 목적은 가급적 검사의 재량을 축소하고 형

사리니언시 신청인의 권익을 보호하는 것이며, 가이드라인은 검찰에서 강한 구속력을 가집니다. 따라서 형사리니언시의 요건을 만족하는 이상 검사가 자의적으로 제1순위 형사리니언시 대상자를 기소하거나 제2순위 형사리니언시 대상자에 대해서 1/2보다 무겁게 구형할 수 없습니다. 하지만, 수사에 협조한 정도에 따라서 검사가 기소재량권의 범위 안에서 기소면제자의 범위를 확대하거나 1/2보다 더욱 가볍게 구형하는 것은 허용됩니다. 이것은 사건 관계인에게 유리한 조치로서 법률이나 가이드라인의 취지에 반하는 것이 아니기 때문입니다. 다만, 이 경우에도 검사는 투명성과 예측가능성을 높이기 위해서 다른 유사한 사례에 준하여 재량을 행사함으로써 형사집행의 정합성을 유지해야 할 것입니다. 가이드라인은 위와 같은 일관성을 담보하기 위해서 검사가 형벌감면을 결정하기 전에 반드시 대검찰청과 협의하도록 규정하고 있습니다(지침 제10조 제4항).

81. '리니언시플러스'란 무엇인가요?

형사리니언시의 요건을 갖추지 못한 기업 등이 해당 카르텔이 아닌 다른 카르텔에 대한 정보나 증거를 제공함으로써 앞의 카르텔에 대해서도 제재를 감면받는 것을 '리니언시플러스'(leniency plus)라고 합니다. 예컨대, 카르텔 X에 대해서는 제1순위나 제2순위 마커를 받지 못한 기업이 카르텔 Y에 대해서 선순위 형사리니언시를 신청한 경우 카르텔 Y에 대해서는 형사리니언시의 일반 요건과 절차에 따라 형벌감면의 혜택이 주어짐은 물론이고 카르텔 X에 대해서도 일정한 범위에서 책임 감면을 받을 수 있습니다. 리니언시플러스를 적용할 때에는 리니언시 신청인이 추가로 밝힌 카르텔의 중대성, 관련 증거의 가치 등을 종합적으로 고려하게 될 것입니다. 리니언시플러스와는 반대로, 형사리니언시 신청인이 자신이 가담한 카르텔의 전모를 밝히지 않고 다른 카르텔의 적발을 의도적으로 방해한 경우에는 불리한 정상관계로 작용할 수 있음을 유의해야 합니다(지침 제10조 제3항).

82. 개인도 리니언시플러스를 신청할 수 있나요?

리니언시플러스의 대상에는 제한이 없으므로 기업뿐만 아니라 개인도 리니언시플러스를 신청할 수 있습니다. 가이드라인 제2조 제3호에서 형사리니언시 신청인의 범위에 기업과 개인을 모두 포섭하면서 리니언시플러스를 배제하지 않은 것도 개인에 대한 리니언시플러스를 인정하는 취지가 반영된 것입니다.

7 형사리니언시의 제한

83. 재범자는 어떤 경우에 형사리니언시가 제한되나요?

가이드라인에서는 이미 형사리니언시를 받은 기업이나 개인이 5년 이내에 재범한 경우에는 재차 형벌감면을 받을 수 없도록 규정하고 있습니다. 형사리니언시제도의 취지가 응보와 예방에 있음을 고려하여 카르텔 재범자에 대해서는 과도한 혜택을 제한한 것입니다. 형벌감면을 받은 날로부터 5년을 도과하여 재범한 경우에는 위 규정에 따른 형사리니언시의 제한이 적용되지 않는데, 이는 형사리니언시의 활성화와 회복적 형사집행을 고려한 것입니다. 이때, 5년의 기산일은 관련 형사재판의 확정일을 기준으로 합니다. 즉, 제1순위 형사리니언시 대상자의 경우에는 공범에 대한 형사재판 확정일, 제2순위 형사리니언시 대상자의 경우에는 본인에 대한 형사재판 확정일이 그 기산점이 될 것입니다(지침 제11조 제1항).

84. 강요자 등은 어떤 경우에 형사리니언시가 제한되나요?

현재 공정거래위원회의 실무는 카르텔을 주도한 기업에 대해서도 행정리니언시를 인정하고 있습니다. 하지만, 다른 카르텔 참여자에 대해서 카르텔을 강요한 경우에는 행정리니언시를 제한하고 있습니다. 검찰의 가이드라인에서도 공정거래위원회의 입장을 고려하여 카르텔 주도자를 형사리니언시 대상에서 당연히 배제하지는 않지만 카르텔 참여를 강요하거나 이를 중단하지 못하게 한 경우에는 형사리니언시를 제한하고 있습니다. 또한, 반복적으로 카르텔을 행한 경우에도 형사리니언시를 제한하고 있습니다. 예컨대, 검찰에서는 형사처벌이나 형사리니언시가 이루어지지 않았지만 공정거래위원회 등 다른 국가기관에 수차례 적발되었던 기업이나 개인은 형사리니언시가 제한될 수 있습니다. 하지만, 반복의 빈도 등에 대한 획일적인 기준을 제시하는 것은 어렵기 때문에 위 제한은 매우 신중하게 이루어질 것입니다(지침 제11조 제2항).

85. 제2순위자는 어떤 경우에 형사리니언시가 제한되나요?

현행 공정거래법 시행령과 공정거래위원회의 실무상 제2

순위 자진신고자에 대해서는 일정한 경우에 행정리니언시를 제한하고 있습니다. 가이드라인에서도 행정집행과 형사집행의 정합성을 고려하여 유사한 규정을 두고 있습니다. 즉, 2개 기업이 참여한 카르텔의 경우와 제1순위 신청일로부터 2년이 도과한 경우에는 제2순위자에 대한 형사리니언시가 제한될 수 있습니다. 이는 리니언시 혜택을 합리적인 범위에서 부여하고, 신속한 리니언시 신청을 독려하기 위함입니다(지침 제11조 제3항).

8 형사리니언시의 변경

86. 형사리니언시 자격이 변경되는 사유는 무엇인가요?

형사리니언시를 받기 위해서는 수사 단계부터 재판 단계까지 대상자가 지속적이고 성실하게 협조해야 합니다. 형사리니언시 신청인이 수사에 적극적으로 협조하여 잠정적인 리니언시 자격을 얻었지만, 재판 단계에서 입장을 번복한 경우에는 형사리니언시의 요건을 충족하지 못한 것이기 때문에 검찰에서는 이에 따른 후속 조치를 해야 합니다. 예컨대, 제1순위 내지 제2순위로 형사리니언시를 신청하여 수사가 마무리될 때까지 협조 의무를 이행했던 기업이나 개인이 재판 단계에서 진술을 번복하여 자신이나 공범의 혐의를 부인하거나 증언을 거부하는 등 공소유지를 곤란하게 하는 행동을 할 경우 수사 종결 단계에서 안내받았던 형사리니언시의 자격이나 내용을 유지할 수 없게 됩니다(지침 제12조).

87. 형사리니언시 자격 변경에 따른 조치는 무엇인가요?

형사리니언시를 유지하기 어려운 사정이 발생한 경우 검사는 제1순위 신청인에 대해서는 지체 없이 공소를 제기해야 하며, 제2순위 신청인에 대해서는 재판부에 위와 같은 사정을 알리고 예정되었던 형량 감경 없이 구형을 해야 합니다. 이러한 조치는 신중하고 정확하게 행해져야 하므로, 검사는 해당 신청인에게 변경된 사정 등을 통지하고 변소나 의견 개진을 할 수 있도록 14일간의 유예기간을 부여해야 합니다. 위 유예기간 동안 특별한 사정변경이 없으면, 검사는 대검찰청의 승인을 받아 위와 같은 조치들을 행하게 됩니다(지침 제12조 제1항).

88. 형사리니언시 자격 변경이 후순위 신청인에게 영향을 미치나요?

수사 과정에서는 선순위 형사리니언시 신청인의 자격이 박탈된 경우 검찰과 협의하여 후순위 신청인이 그 지위를 대신 차지할 수도 있습니다. 하지만, 일단 수사가 마무리되어 공범에 대한 기소가 이루어지면, 재판 과정에서는 위와 같은 과정이 불가능합니다. 형사재판에서는 법적 안정성이 매우 중요하기 때문입니다. 만약, 재판 과정에서 형사리니언시의 승계를 인정하게 될 경우 선고 결과나 구속 여부 등에도 영향을 미쳐서 큰 혼란을 초래하게 됩니다. 이러한 점을 고려하여 가이드라인에서는 재판 과정에서는 선순위자에 대한 형사리니언시의 변경이 후순위자에게 영향을 미치지 않도록 규정하고 있습니다(지침 제12조 제2항).

89. 기업리니언시와 관련하여 소속 임직원이 재판에 협조하지 않은 경우 기업에는 어떤 영향을 미치나요?

앞서 설명한 바와 같이, 형사리니언시를 신청한 기업은 소속 임직원들이 수사와 재판에 협조할 수 있도록 필요한 조치를 다해야 '필요한 증거 제공'이나 '지속적이고 성실한 협조' 요건을 충족시킬 수 있습니다. 예컨대, 기업의 입장에 따라 카르텔을 실행하는데 주도적으로 가담한 임직원이 수사 과정에서 카르텔을 입증하는데 필요한 결정적인 진술을 하였고, 기업과 임직원이 이에 터잡아 잠정적인 형사리니언시 자격을 얻었는데, 위 임직원이 재판 단계에서 진술을 번복하여 공소유지가 어렵게 된 경우에는 기업과 임직원 모두 형사리니언시 자격을 유지하기 어려울 수 있습니다. 특히, 위 임직원의 진술 번복이 기업의 방임이나 유도 아래 이루어진 것이라면 기업리니언시는 부정될 것입니다. 반면, 일부 임직원의 진술 번복이 기업의 입장에 반하여 일방적으로 이루어진 것이고, 그밖에 기업측에서 제공한 물증이나 진술을 통해서 공소유지가 가능한 경우에는 기업리니언시 신청 단계에서 포함되어 있던 기업과 나머지 임직원에 대한 혜택은 유지될 수 있으며, 진술을 번복한 임직원만 형사리니언시 대상에서 배제(carve-out)될 것입니다.

90. 형사리니언시 신청인에 대한 비밀은 어떻게 보호되나요?

리니언시제도가 활성화되기 위해서는 리니언시 신청인에 대한 비밀이 철저히 보장되어야 합니다. 이를 위해서 대검찰청에서도 극소수의 검사와 수사관만 형사리니언시 관련 정보나 절차에 접근할 수 있습니다. 또한, 모든 검찰 공무원은 형사리니언시 신청인의 동의 없이 형사리니언시 관련 정보나 자료를 누설하지 못하도록 엄격한 비밀유지의무가 부과되어 있습니다(지침 제13조).

또한, 형사리니언시 절차의 초기 단계에서는 담당 검사와 협의하여 일정한 요건과 기간 안에서 예외적으로 실명을 밝히지 아니하고 형사리니언시 신청 여부를 검토하는 것도 가능하다는 것은 앞서 설명한 바와 같습니다. 형사리니언시 신청이 공익신고의 성격을 가질 때에는 국민권익위원회 등 유관 기관과 협의하여 공익신고자 보호를 위한 별도의 절차를 병행할 수도 있을 것입니다.

제 3 장

카르텔 수사 절차

9 합리적인 형사집행 절차의 보장

91. 카르텔 형사집행이 전국적으로 일관되게 이루어질 수 있도록 어떤 장치를 마련하고 있나요?

가이드라인에서는 형사리니언시 신청 창구를 대검찰청으로 일원화하는 한편, 수사개시 단계부터 처분 단계까지 수사와 기소를 담당하는 검사가 반드시 대검찰청과 사전 협의를 하도록 규정하고 있습니다. 따라서, 전국 어느 검찰청에서 수사와 처분이 이루어지더라도 일관된 형사리니언시 절차와 처분이 이루어질 수 있을 것입니다(지침 제14조, 제15조).

92. 카르텔 형사집행 과정에서 과잉수사가 이루어지지 않도록 어떤 장치를 마련하고 있나요?

가이드라인에서는 검찰에 카르텔 관련 정보나 자료가 접수되더라도 그 객관성과 수사의 필요성이 확인되지 않는 한 수사에 착수하지 아니하고, 대검찰청에서 관련 지침에 따라서 철저히 그 검증 절차를 거치도록 규정하고 있습니다. 또한, 수사 필요성에 대한 판단이 어려울 경우에는 공정거래위원회 등 유관 기관에 관련 자료를 송부하고, 그 조사 결과에 따라 수사개시 여부를 신중히 결정할 수 있습니다. 그 밖에, 검사가 카르텔 사건의 수사에 착수한 이후에도 강제수사나 여죄수사는 엄격한 제한과 절차에 따라야 가능하며, 별건수사는 일체 금지하고 있습니다(지침 제14조, 제15조, 제16조).

93. 강제수사는 어떠한 제한과 절차 아래 이루어지나요?

압수수색이나 체포구속 등 강제수사는 남용되어서는 아니 되며, 임의수사의 보충적 방법으로 행해져야 합니다. 사건관계인이 임의로 증거자료를 제출하고자 하는 경우에는 특별한 사정이 없는 한 압수수색을 해서는 안 됩니다. 특히, 수사에 협조하여 형벌감면이 예상되는 형사리니언시 신청인에 대해서는 강제수사를 더욱 자제해야 합니다.

가이드라인에서는 형사리니언시 신청인에 대해서 압수수색이나 인신구속 등 강제수사를 하지 않는다는 원칙을 명시하고 있습니다. 위 원칙은 신청인이 기업인 경우에는 기업과 입장을 같이 하는 소속 임직원에 대해서도 동일하게 적용됩니다. 다만, 신청인이 관련 자료의 제출 및 보정 과정에서 중요한 증거를 의도적으로 누락하거나 인멸하는 등 특별한 사정이 있을 때에는 가이드라인에서 정한 의무를 위반한 것이기 때문에 강제수사 면제의 혜택을 받을 수 없습니다. 일선청에서 카르텔 사건과 관련하여 압수수색 등 강제수사를 하고자 할 때에는 대검찰청과 사전 협의를 거쳐야 합니다(지침 제15조).

94. '별건수사'와 '여죄수사'는 어떻게 다른가요?

카르텔 형사집행은 다른 범죄를 수사하기 위한 수단으로 악용되어서는 안 됩니다. 이러한 수사를 이른바 '별건수사'라고 하는데, 이는 기존의 이론과 실무상으로도 금지되며, 가이드라인에서도 이를 명백히 금하고 있습니다(지침 제16조 제1항).

하지만, '여죄수사'는 별건수사와 구별되어야 합니다. 예컨대, 정당한 절차와 목적을 갖추어 카르텔을 수사하는 과정에서 카르텔로 인해 취득한 범죄수익을 가장하거나 은닉한 혐의가 발견되어 범죄수익은닉 혐의로 수사가 확대되는 것은 별건수사가 아닌 여죄수사로서 기존 학설과 판례상으로도 적법한 수사임이 분명합니다. 반면, 본래 수사의 목적이 기업 경영자의 개인비리를 밝히는데 있음에도 수사에 착수할 만한 단서나 소명자료를 확보하지 못하여 일단 단서와 자료가 확보된 카르텔에 대해서 수사에 착수한 후 실제로는 카르텔과 무관한 기업 경영자의 개인비리에 치중하여 수사를 벌였다면, 이는 별건수사로서 위법한 것입니다.

가이드라인은 별건수사를 금지하는 한편, 별건수사인지

여죄수사인지 다툼이 생길 수 있기 때문에 이러한 분쟁을 사전에 차단하기 위해서 카르텔 수사 과정에서 다른 범죄 혐의가 드러난 경우에도 대검찰청과 사전 협의를 거쳐 여죄수사에 착수하도록 규정하고 있습니다(지침 제16조 제2항).

95. 형사리니언시를 신청하고 싶은데 다른 범죄 혐의로도 조사받을까봐 걱정될 경우에는 어떻게 해야 하나요?

형사소송법상 검사가 중대한 범죄 혐의를 발견한 경우에는 원칙적으로 수사에 착수해야 하며, 이를 게을리 한 경우에는 직무유기로 처벌받을 수 있습니다. 따라서, 카르텔 관련 수사 과정에서 다른 중대한 범죄 혐의가 발견되었음에도 형사리니언시 신청인이라는 이유만으로 형사집행 절차를 중단시킬 수는 없습니다. 하지만, 검찰에서 카르텔 조사 과정에서 정당한 근거 없이 임의로 다른 범죄 혐의를 조사할 수는 없기 때문에 우연히 다른 범죄 혐의가 드러나지 않는 이상 수사가 확대될 가능성은 희박합니다.

카르텔 수사 과정에서 다른 범죄 혐의가 드러나는 대표적인 경우는 카르텔 관련 증거자료를 분석하는 과정에서 다른 범죄 혐의가 포착되는 경우입니다. 예컨대, 검찰에서 카르텔의 실체나 공모관계, 범죄수익의 규모 등을 규명하기 위해서는 영업이나 자금출납 관련 자료를 마땅히 분석해야 합니다. 그런데, 압수수색 영장을 청구하거나 집행하는 과정에서는 위와 관련된 문건이나 파일을 정밀하게 특정하는 것이 곤란합니다. 또한, 카르텔 관여자가 하나의 문서나 파일에 카르텔뿐만 아니라 다른 범죄와 관련된 내용을 담는 경우도 적지 않습니다. 이러한 경우에는 압수수색 자료 등을 분석하는 과정에서 횡령이나 배임, 자금세탁 등의 혐의가 우연히 드러날 수 있습니다. 따라서, 카르텔 수사 대상이 될 수 있는 기업이 '형사리니언시를 신청하지 않거나 수사 과정에서 혐의를 부인하더라도 법률적 리스크는 공정거래법에서 정한 벌금 정도'라고 생각하는 것은 큰 오해입니다.

수사의 확대를 방지할 수 있는 가장 효과적인 방법은 압수수색 등 강제수사가 이루어지지 않도록 하는 한편, 신청인이 주도적으로 카르텔과 관련된 증거나 진술만을 선별하여 검찰에 제공하는 것입니다. 형사리니언시를 통해서 신청인에게 이러한 편의와 예측가능성을 제공하고, 과잉수사가 이루어지지 않도록 하는 것이 가이드라인의 주된 취지 중 하나입니다.

10 외국 사법경쟁당국 및 기업과의 관계

96. 검찰에서 외국 사법경쟁당국과 공조하여 형사집행을 하는 경우도 있나요?

한국 경제에서 국제거래가 차지하는 비중은 매우 높기 때문에 국내 기업이나 소비자가 초국경적인 카르텔에 관여되거나 그 피해를 입을 가능성이 큽니다. 국제카르텔로 인한 국내 기업과 소비자의 피해를 최소화하기 위해서는 엄정한 법집행이 필요합니다. 그런데, 국제카르텔의 경우 사건 관계인과 물증이 여러 나라에 산재되어 있기 때문에 법집행 과정에서 사법경쟁당국 간 협력이 필수적입니다. 이러한 점을 고려하여, 가이드라인에서는 상호주의의 원칙 아래 국제협력의 길을 열어두고 있습니다(지침 제17조).

97. 사법경쟁당국 간 국제공조 과정에서 과잉제재가 이루어질 염려는 없나요?

국제카르텔의 경우 복수 국가의 사법경쟁당국이 중첩적으로 관할권을 가지고 법집행 절차를 진행할 수 있습니다. 따라서, 사법경쟁당국 간 정보공유나 협력으로 인해서 제재가 강화될 것이라는 우려가 제기되기도 합니다. 하지만, 각 사법당국은 원칙적으로 자국 시장에 영향을 미친 범위에서 관할권을 행사하여 제재를 할 수 있기 때문에 국제공조가 곧바로 과잉제재로 이어지는 것은 아닙니다. 오히려, 사법경쟁당국 간 원활한 정보공유와 협력은 사전 협의를 통해서 각자 합리적인 제재 수위를 결정하는데 큰 도움을 주기 때문에 국제카르텔에 관여한 기업이나 개인의 권익을 보호하는데 긍정적으로 작용할 수 있습니다.

위와 같은 점을 고려하여, 가이드라인에서는 엄정하고 합리적인 형사집행이 이루어질 수 있도록 사법경쟁당국 간 협력의 길을 열어둔 것입니다. 국제공조에 대한 검찰의 가장 중요한 입장은 대상 기업이나 개인의 국적을 불문하고 엄정하고 공평하게 법집행이 이루어져야 한다는 것입니다. 다만, 국제공조의 가장 오랜 기본 원칙 중 하나는 '호혜평등'이므로, 검찰에서는 상대 사법경쟁당국과 대등하게 협력하는 한편, 형사리니언시 신청인 등 사건 관계인의 정당한 권익을 보호하고 적법절차를 준수하는데 만전을 기할 것입니다.

98. 형사리니언시 신청인에 관한 정보도 외국 사법경쟁당국에 제공되나요?

관계 법률과 가이드라인에 따라 형사리니언시에 대해서는 원칙적으로 보안(confidentiality)이 철저히 유지됩니다. 다만, 신청인의 동의 등에 근거하여 형사리니언시 관련 정보가 외국 사법경쟁당국에 제공될 경우도 있습니다. 예컨대, 국제카르텔 관여 기업에 대해서 여러 국가에서 중첩적으로 법집행 절차가 진행될 수 있는데, 리니언시 신청인이 관계 사법경쟁당국 간 정보공유에 동의할 경우 리니언시 절차와 관련된 시간과 비용을 대폭 절약할 수 있습니다. 특히, 해당 사법경쟁당국들 사이에 신뢰가 깊고 공조 경험이 풍부한 경우에는 리니언시 신청인이 당국 간 정보공유에 동의함으로써 보다 효율적으로 마커를 획득하거나 책임을 감면받을 수 있을 것으로 예상됩니다.

99. 외국 기업의 경우 한국 검찰에서 조사나 자료제출에 응하지 않으면 어떤 불이익이 있을 수 있나요?

외국 기업의 경우 본사나 임직원이 한국에 있지 않기 때문에 한국 검찰의 조사나 자료제출 요구에 응하지 않더라도 검찰에서 이를 강제할 방법이 없고 불이익을 줄 수도 없다고 생각할 때가 많습니다. 하지만, 한국을 비롯하여 국제카르텔이 문제될 수 있는 주요 국가들 사이에서는 대부분 형사사법공조조약과 범죄인인도조약이 체결되어 있으며, 위 조약상 국제공조는 법적인 구속력을 가집니다. 나아가, 관련 조약과 이행법률에 의하여 피요청국의 사법당국은 공조 과정에서 압수수색, 체포구금 등도 활용할 수 있습니다. 따라서, 공정거래위원회의 행정조사와 달리 검찰의 수사 과정에서는 조약상 의무가 있는 국제공조를 통한 강제적인 수단도 동원될 수 있다는 점을 간과해서는 안 됩니다. 또한, 형사집행이 이루어지면, 기업 내 준법(compliance) 시스템에 따라 관련 임직원에게 인사상 불이익이나 민사상 손해배상책임이 따를 수 있고, 기업으로서는 해당 국가의 시장에서 평판이 저하되어 큰 손해를 입을 수 있습니다. 따라서, 국제카르텔 관련 기업이나 임직원은 한국 검찰을 비롯한 각국 사법당국의 형사집행 절차에 성실히 임하는 것이 오히려 과잉집행이나 각종 불이익을 방지하는데 효과적일 것입니다.

100. 외국 기업의 경우 한국 검찰의 형사집행 과정에서 어떤 절차상 조력을 얻을 수 있나요?

한국 검찰에서는 국내외 기업이나 개인에 대해서 일체의 차별 없이 적법절차와 절차조력권을 보장하고 있습니다. 그래서 국내 형사변호인은 물론 외국 기업에서 원하는 본국의 법률대리인(main counsel)이나 통역인도 절차조력인으로서 검찰의 형사집행 절차에 참여하는 것을 적극 독려하고 있습니다. 또한, 자발적으로 한국에 입국하여 검찰의 조사에 응할 의사를 밝힌 외국 기업 관계자에 대해서는 자유로운 출입국을 보장하는 한편, 사전 협의를 통해서 조사 일정과 대상 등에 대해서도 최대한 편의를 제공하고자 노력하고 있습니다.

부록 1. 카르텔 형사집행 가이드라인 지침

【카르텔 사건 형벌감면 및 수사절차에 관한 지침】

[대검 예규 제1150호][시행 2020. 12. 10.]

제정 대검 수사지휘·지원과, 2020. 12. 8.

제1장 총칙

제1조(목적)
이 규정은 카르텔과 관련된 수사 및 형벌감면의 기본 원칙과 절차를 정함으로써, 카르텔에 대한 형사집행 절차의 예측가능성과 투명성 제고를 목적으로 한다.

제2조(정의) 이 규정에서 사용하는 용어의 뜻은 다음과 같다.

1. "카르텔"이란 「형법」 제315조, 「건설산업기본법」 제95조 및 「독점규제 및 공정거래에 관한 법률」 제19조 제1항을 위반한 카르텔 사건 중 연성 공동행위가 아닌 것을 말한다.
2. "형벌감면 신청"이란 카르텔에 관한 사실을 검찰에 자발적으로 신고하여 형의 면제 또는 감경 등을 구하는 의사표시를 말한다.

3. "형벌감면신청자"란 형법상 자수, 공익신고자보호법상 공익신고 등의 규정에 근거하여 제2호의 형벌감면 신청을 하는 사업자 또는 개인을 말한다.

제3조(형벌감면 신청의 방식)

① 카르텔에 대하여 형벌감면을 신청하고자 하는 자는 다음 각 호의 사항이 포함된 형벌감면 신청서를 대검찰청 반부패강력부에 직접 방문하거나, 팩스 전송(02-3480-2589) 또는 이메일 전송(leniency@spo.go.kr)의 방법으로 제출해야 한다.

1. 형벌감면신청자의 명칭, 대표자 이름, 주소, 사업자등록번호(또는 주민등록번호) 및 연락처, 형벌감면 신청서를 제출하는 자의 성명, 근무부서, 연락처
2. 형벌감면신청자 등이 참여한 카르텔의 개요
3. 당해 카르텔을 입증하는데 필요한 증거 및 증거의 목록
4. 당해 카르텔에 대한 검찰의 수사 및 재판이 끝날 때까지 성실하게 협조하겠다는 내용
5. 당해 카르텔의 중단 여부
6. 형벌감면신청자와 함께 형벌을 감면 받기 원하는 현직 임직원의 이름, 주소, 주민등록번호 및 연락처

② 2이상의 사업자인 형벌감면신청자들이 공동으로 형벌감면 신청서를 제출하는 경우에는 전항의 신고서에 다음 각 호의 사항을 추가로 기재 또는 첨부하여야 한다.

1. 공동 형벌감면신청자들이 실질적 지배관계에 있는 계열회사이거나 회사의 분할 또는 영업양도의 당사회사에 해당하는지 여부 및 그 사유
2. 제1호의 사항을 입증할 수 있는 서류
3. 공동 형벌감면신청자들이 위 제1호의 요건을 충족하지 못하여 개별적으로 순위를 부여받게 될 경우 공동 형벌감면신청자들 간 순위

③ 형벌감면신청자가 서면으로 신청서를 제출하기 곤란한 사유가 있는

경우에는 대검찰청 반부패강력부에 제1항 각 호에 해당하는 내용을 구두로 진술함으로써 구두 형벌감면 신청을 할 수 있고, 이 경우 대검찰청 반부패강력부는 형벌감면신청자의 구두 진술 내용을 녹취하여야 한다.

제4조(형벌감면 신청의 보정)

① 형벌감면신청자가 증거자료의 수집 등에 상당한 시간을 요하거나 기타 신청서와 동시에 증거자료를 제출할 수 없는 특별한 사정이 있는 경우 제3조 제1항 및 제2항의 기재사항 중 일부를 생략한 신청서를 제출할 수 있다. 다만, 이때에도 제3조 제1항 제1호 및 제2호의 사항은 기재하여야 한다.

② 전항의 경우 형벌감면신청자는 그 보정에 필요한 기한을 명시하여야 한다.

③ 전항의 보정 기한은 30일을 넘지 못한다. 다만, 국제카르텔의 국제공조 등 불가피한 사유가 있어 대검찰청 반부패강력부의 동의를 받은 경우에는 보정 기한을 연장할 수 있다.

④ 보정 기한 내에는 최초 신청시 기재하였던 카르텔의 개요에 관한 사항도 이를 보완할 수 있다. 다만, 최초 신청시 고의 또는 중과실로 사실과 다르게 카르텔을 신고한 경우에는 보완을 허용하지 않는다.

제5조(형벌감면 신청의 순위)

① 형벌감면의 순위는 제6조의 요건을 충족한 자 중 제3조에 의한 신청시점의 순위에 따라 판단한다.

② 2 이상의 사업자인 형벌감면신청자들이 공동으로 형벌감면 신청서를 제출한 경우에는 그 신청은 받아들이지 아니한다. 다만, 공동 형벌감면신청자들이 제3조 제2항에 따라 다음 각 호의 실질적 지배관계에 있는 계열회사이거나 회사의 분할 또는 영업양도의 당사회사에 해당하는 사유를 적시하여 공동으로 신청을 하는 경우에는 그러하지 아니하다.

1. 형벌감면 신청시 사업자가 다른 사업자의 주식을 모두 소유한 경우

(동일인 또는 동일인 관련자가 소유한 주식을 포함하고, 의결권 없는 주식은 제외한다.)

2. 제1호에 해당하지 않더라도 주식소유비율, 당해 사업자의 인식, 임원 겸임 여부, 회계의 통합 여부, 일상적 지시 여부, 판매조건 등에 대한 독자적 결정 가능성, 당해 사안의 성격 등 제반 사정을 고려할 때, 사업자가 다른 사업자를 실질적으로 지배함으로써 이들이 상호 독립적으로 운영된다고 볼 수 없는 경우. 다만, 관련시장 현황, 경쟁사업자의 인식, 당해 사업자의 활동 등을 고려할 때 경쟁관계에 있다고 인정되는 경우는 제외한다.

③ 공동 형벌감면 신청이 있는 경우 그 순위는 다음 각 호와 같다.

1. 공동 형벌감면신청자들이 동일한 순위를 받는다. 다만, 공동 형벌감면신청이 인정되지 않는 경우에는 제3조 제2항 제3호에 따른 순위에 의한다.
2. 공동 형벌감면신청자들 이후에 형벌감면 신청을 한 자의 순위는 선순위 공동 형벌감면 신청이 인정될 경우와 인정되지 않을 경우에 따라 달라진다.

제6조(형벌감면의 요건)

① 검찰이 수사에 착수하기 전에 형벌감면을 신청한 자가 다음 각 목의 모두에 해당하는 경우에는 제1순위자로 인정된다.

1. 카르텔을 입증하는데 필요한 증거를 단독으로 제공한 최초의 자일 것. 다만, 카르텔에 참여한 2 이상의 형벌감면신청자가 공동으로 증거를 제공하는 경우에도 이들이 사업자로서 제5조 제3항 단서에 따라 실질적 지배관계에 있는 계열회사이거나 회사의 분할 또는 영업양도의 당사회사에 해당하는 것으로 인정되면 단독으로 제공한 것으로 본다.
2. 검찰이 카르텔에 대한 정보를 입수하지 못하였거나 카르텔을 입증하는데 필요한 증거를 충분히 확보하지 못한 상태에서 형벌감면 신청을

하였을 것
3. 카르텔과 관련된 사실을 모두 진술하고, 관련 자료를 제출하는 등 검찰의 수사 및 재판이 끝날 때까지 성실하게 협조하였을 것
4. 그 카르텔을 중단하였을 것

② 검찰이 수사에 착수한 후 검찰의 수사 및 재판에 협조한 형벌감면신청자가 다음 각 목의 모두에 해당하는 경우에는 제1순위자로 인정된다.
1. 검찰이 카르텔에 대한 정보를 입수하지 못하였거나 카르텔임을 입증하는데 필요한 증거를 충분히 확보하지 못한 상태에서 검찰의 수사 및 재판에 협조하였을 것
2. 제1항 제1호, 제3호, 제4호에 해당할 것

③ 검찰이 수사에 착수하기 전에 형벌감면 신청을 하거나 또는 검찰이 수사에 착수한 후에 검찰의 수사 및 재판에 협조한 자로서 다음 각 목의 모두에 해당하는 경우에는 제2순위자로 인정된다.
1. 카르텔을 입증하는데 필요한 증거를 단독으로 제공한 두 번째의 자일 것. 다만, 카르텔에 참여한 2 이상의 형벌감면신청자가 공동으로 증거를 제공하는 경우에도 이들이 사업자로서 제5조 제3항에 따라 실질적 지배관계에 있는 계열회사이거나 회사의 분할 또는 영업양도의 당사회사에 해당하는 것으로 인정되면 단독으로 제공한 것으로 본다.
2. 제1항 제3호 및 제4호에 해당할 것

제7조(카르텔 입증에 필요한 증거 여부에 대한 판단기준)

① 제6조의 "카르텔을 입증하는데 필요한 증거"에 해당하는지 여부는 형벌감면신청자가 제출한 증거를 전체적으로 고려하여 판단한다. 다만, 다음 각 호의 하나의 증거를 제출한 경우 이에 해당하는 것으로 볼 수 있다.
1. 당해 카르텔에 참여한 사업자들 간에 작성된 합의서, 회의록, 내부 보고자료 등 합의 내용, 성립과정 또는 실행사실을 직접적으로 입증할 수 있는 자료

2. 당해 카르텔에 참여한 사업자 또는 그 임직원의 확인서, 진술서 등 담합행위를 할 것을 논의하거나 실행한 사실을 육하원칙에 따라 구체적으로 기술한 자료 및 관련 사실을 입증할 수 있는 구체적 자료
3. 관련 사실을 입증할 수 있는 구체적 자료가 없는 경우라도 진술서 등 신청사실을 충분히 인정할 수 있는 자료. 다만, 이 경우 검찰의 수사과정에서 진술하는 내용이 당해 카르텔의 합의내용, 성립과정 또는 실행사실을 입증하는데 충분하여야 한다.

② 전항의 증거는 문서, 녹음테이프, 컴퓨터파일 등 그 형태나 종류에는 제한이 없다.

제8조(성실한 협조 여부에 대한 판단기준)

① 제6조 제1항 제3호의 "성실하게 협조"하였는지 여부는 다음 각 호의 사유를 종합적으로 고려하여 판단한다.

1. 형벌감면신청자가 알고 있는 당해 담합행위와 관련된 사실을 지체없이 모두 진술하였는지 여부
2. 당해 카르텔과 관련하여 형벌감면신청자가 보유하고 있거나 수집할 수 있는 모든 자료를 신속하게 제출하였는지 여부
3. 사실 확인에 필요한 검찰의 요구에 신속하게 답변하고 협조하였는지 여부
4. 형벌감면신청자의 소속 임직원이 검찰 수사와 형사재판(법정 출석 포함) 과정에서 지속적이고 진실하게 협조할 수 있도록 최선을 다하였는지 여부
5. 당해 카르텔과 관련된 증거와 정보를 파기, 조작, 훼손, 은폐하였는지 여부

② 형벌감면신청자가 형사재판 확정 이전에 검찰의 동의 없이 형벌감면신청 및 관련 사실을 제3자에게 누설한 경우에는 성실하게 협조하지 않은 것으로 본다. 다만, 형벌감면신청자가 형벌감면 신청 및 관련사실을 법령에 따라 공개하거나 외국정부에 알리는 등 불가피한 사정이 있는 경

우에는 그러하지 아니하다.
③ 형벌감면신청자가 사업자인 경우, 소속 임직원이 제6조 제1항 제3호에서 규정한 지속적이고 성실한 협조를 다하지 않은 경우에는 해당 형벌감면신청자는 협조하지 않은 것으로 본다.

제9조(카르텔 중단 여부에 대한 판단기준)
① 형벌감면신청자는 형벌감면 신청 후 즉시 카르텔에 참여한 다른 사업자에 대하여 카르텔에 기한 합의에서 탈퇴하였음을 알리는 의사를 표시하고 그 합의에 따른 카르텔을 중단하여야 하며, 이를 확인할 수 있는 자료를 대검찰청 반부패강력부에 제출하여야 한다. 다만, 위 탈퇴 의사표시와 카르텔의 중단 시점은 형벌감면 신청 과정에서 검찰과 협의하여 일정 기간 유예될 수 있다.
② 형벌감면신청자가 신청 전 다른 사업자에 대하여 합의에서 탈퇴하였음을 알리는 의사를 표시하고 카르텔을 중단하였을 경우 그 사실을 확인할 수 있는 자료를 형벌감면 신청시 대검찰청 반부패강력부에 제출하여야 한다.
③ 형벌감면신청자가 탈퇴의 의사를 표시한 이후 기존 합의에 따른 카르텔을 하였을 경우 그 탈퇴의 의사표시는 효력이 없는 것으로 본다.

제10조(형벌감면의 결정)
① 제6조 제1항 또는 제2항에 따른 제1순위 형벌감면신청자는 기소하지 아니한다.
② 제6조 제3항에 따른 제2순위 형벌감면신청자는 100분의 50을 감경하여 구형한다.
③ 카르텔로 인하여 형사처벌의 대상이 된 자가 그 카르텔 외에 그 자가 관련되어 있는 다른 카르텔에 대하여 제6조 제1항 또는 제2항의 각 요건을 충족하는 경우에는 당해 카르텔에 대하여 다시 형을 감경할 수 있다.

④ 검사는 형벌감면을 결정하기 전에 이와 관련하여 대검찰청 반부패강력부와 협의하여야 한다.

제11조(형벌감면의 제한)

① 제10조에 따라 형벌감면을 받은 자가 그 감면받은 날부터 5년 이내에 재범한 경우에는 형벌감면을 하지 아니한다. 이 경우 형벌감면이 제한되는 기간의 기산일은 관련 형사사건 재판 확정일을 기준으로 한다.
② 제6조의 규정에 해당하는 자라도 다른 카르텔 참여자에게 그 의사에 반하여 해당 카르텔에 참여하도록 강요하거나 이를 중단하지 못하도록 강요한 사실이 있는 경우 또는 일정기간 동안 반복적으로 카르텔을 한 경우에는 제10조에 따른 감경 또는 면제를 하지 아니한다.
③ 제6조 제3항 해당하는 자로서 다음 각 호의 어느 하나에 해당하는 경우에는 제10조 제2항에 따른 감경을 하지 아니한다.
1. 2개 사업자가 카르텔에 참여하고 그 중의 한 사업자인 경우. 이 경우, 2개 사업자가 카르텔에 참여하였는지 여부는 당해 카르텔의 종료일을 기준으로 판단한다.
2. 제6조 제1항 또는 제2항에 해당하는 자의 제1순위 형벌감면 신청이 접수된 날부터 2년이 지나 형벌감면 신청을 한 사업자인 경우

제12조(형벌감면의 변경)

① 형벌감면신청자가 관련 형사재판에서 진술을 번복하는 등 형벌감면 결정을 계속 유지하기 어려운 사정이 발생한 경우, 수사 검찰청은 형벌감면신청자에게 관련 사실을 통지하고 14일간의 유예기간을 부여한다. 위 유예기간 내에 새로운 사정 변경이 없는 한 대검찰청의 승인을 받아 아래 각 호에 따라 처리한다.
1. 제1순위 형벌감면신청자는 지체 없이 기소한다.
2. 제2순위 형벌감면신청자는 담당 재판부에 그 사유를 기재한 의견서를 제출하고, 새로운 구형량을 정하여 구형한다.

② 제1항에 따라 제1순위 또는 제2순위 형벌감면신청자가 형벌감면을 받을 수 없게 되더라도 그 보다 후순위 형벌감면신청자에 대하여는 영향을 미치지 아니한다.

제13조(비밀유지 의무)
검찰청 및 그 소속 공무원은 형벌감면신청자가 동의하는 경우를 제외하고는 형벌감면신청자의 신원·제보 내용 등 신청 또는 제보와 관련된 정보 및 자료를 관련 사건 처리와 관계없는 자에게 제공하거나 누설하여서는 아니 된다.

제14조(수사개시 절차)
① 대검찰청은 공정거래위원회로부터 고발을 접수하거나 자료를 송부받은 경우 관련 자료 등을 관할 검찰청으로 송부하여 수사가 개시 되도록 한다.
② 대검찰청은 형벌감면이 신청되어 수사가 필요하다고 판단되는 경우 관련 자료 등을 관할 검찰청으로 송부하여 수사가 개시되도록 한다.
③ 검사가 고소, 고발, 관련사건 인지 등에 의하여 수사를 개시하고자 할 경우 대검찰청과 사전 협의절차를 거쳐야 한다.
④ 제2항과 제3항에 따라 수사를 개시하지 않는 사건에 대하여는 대검찰청은 공정거래위원회에 관련 자료를 송부하고, 공정거래 위원회의 조사 결과에 따라 수사개시 여부를 다시 결정한다.
⑤ 전항들의 경우 그 성격에 반하지 않는 범위 내에서 「고소·고발 사건 처리 지침」, 「유관기관 고발 등 사건 접수 및 처리 지침」 및 「부패범죄 수사 절차 등에 관한 지침」의 관련 규정을 준용한다.

제15조(강제수사 및 종국처분 절차)
① 검사가 카르텔의 수사과정에서 압수·수색, 체포, 구속 등 강제수사가 필요할 때에는 「부패범죄수사 절차 등에 관한 지침」에 따라 대검찰청과

사전 협의절차를 거쳐야 한다.
② 형벌감면신청자에 대하여는 특별한 사유가 없는 한 압수·수색, 체포, 구속 등의 강제수사를 하지 아니한다. 다만, 예외적으로 강제수사가 필요한 경우에는 대검찰청과 사전 협의절차를 거쳐야 한다.
③ 카르텔에 대한 종국처분을 할 때에는 그 처분내용에 대하여 「부패범죄수사 절차 등에 관한 지침」에 따라 대검찰청과 사전 협의절차를 거쳐야 한다.

제16조(별건수사 금지)
① 카르텔과 관련 없는 범죄에 대한 수사 목적으로 별건수사를 하여서는 아니된다.
② 카르텔의 수사 과정에서 이와 관련된 여죄 등 다른 범죄를 수사할 필요가 있는 경우에는 대검찰청과 사전 협의절차를 거쳐야 한다.

제17조(국제협력)
검찰은 관련 사건의 처리를 위하여 상호주의 원칙 하에 외국 사법경쟁당국과 정보교환 등 국제협력을 할 수 있다.

부록 2. 형사리니언시 신청 양식(예시)

카르텔 형벌감면 신청서

신청인은 형법 제52조, 대검 예규 제1150호 등에 근거하여
다음과 같이 형벌감면을 신청합니다.

<table>
<tr><td rowspan="8">신청인 등</td><td colspan="3">신 청 인</td></tr>
<tr><td>사업자명
(성명)</td><td></td><td>대표자명</td></tr>
<tr><td>사업자등록번호
(주민등록번호)</td><td></td><td>연락처</td></tr>
<tr><td>연락처</td><td>전화
팩스</td><td>이메일</td></tr>
<tr><td colspan="3">제 출 인</td></tr>
<tr><td>성명</td><td></td><td>주민등록번호</td></tr>
<tr><td>근무부서</td><td></td><td>연락처</td></tr>
</table>

<table>
<tr><td>신고 내용</td><td>카르텔의 개요</td></tr>
</table>

<table>
<tr><td>증거자료</td><td>[ ] 증거자료 및 목록 있음
[ ] 증거자료 없음</td><td>입증취지</td></tr>
</table>

<table>
<tr><td>카르텔 중단여부</td><td>[ ] 계속
[ ] 중단</td><td>진행기간</td></tr>
<tr><td rowspan="3">형벌감면 포함 임직원</td><td rowspan="3">[ ] 해당 있음
[ ] 해당 없음</td><td>성명, 직위 :</td></tr>
<tr><td>주민등록번호 :</td></tr>
<tr><td>주소 :
연락처 :</td></tr>
<tr><td>공동신청 여부</td><td>[ ] 해당 있음
[ ] 해당 없음</td><td>해당사유</td></tr>
</table>

(신청 접수 일시 등 확인란)

저자약력

구상엽(Joseph Sang-Yeop KOO, JSK)

〈학력·자격〉

1997년 제39회 사법시험 합격(사법연수원 제30기)
1998년 서울대 법과대학 사법학과 졸업(법학 학사)
2003년 서울대 대학원 법학과 졸업(행정법 석사)
2008년 미국 Harvard Law School 졸업(LL.M.)
2009년 미국 뉴욕주 변호사
2012년 서울대 대학원 법학과 졸업(민법 박사, Ph.D.)
2013년 서울대 법학전문대학원/법과대학 겸직교수(형사법/민법)
2019년 서울대 법학전문대학원 졸업(공정거래형사 전문박사, S.J.D.)
※ 대검찰청 공정거래 공인전문검사

〈주요 경력〉

서울중앙지방검찰청
- 공정거래조사부 부장검사
- 공정거래조세조사부 부장검사
- 공정거래조세조사부 부부장검사
- 반부패수사 제1부 부장검사
- 특별수사 제1부 부장검사

대검찰청
- 반부패부 반독점TF 팀장
- 국제협력담당관
- 국제협력단장

법무부
- 법무실 국제법무과장
- 법무실 법무심의관실 검사(민법개정위원회 총괄간사)

Joseph Sang-Yeop KOO (JSK)

〈Education〉

1998 LL.B., Seoul National University

2003 LL.M. in Administrative Law, Seoul National University

2008 LL.M., Harvard Law School

2012 Ph.D. in Civil Law, Seoul National University

2019 S.J.D. in Antitrust Criminal Law, Seoul National University

〈Professional experience〉

Admitted to the Korean National Bar and New York Bar

Specialized Prosecutor in Competition Law certified by the Korean Prosecution Services

Supreme Prosecutors' Office

- Chief Director, Antitrust Task Force
- Chief Director, International Cooperation Division

Seoul Central Prosecutors' Office

- Director, Antitrust Division
- Chief Director, Anti-Corruption Division I
- Chief Director, Special Investigation Division I

Ministry of Justice

- Director, International Legal Affairs Division
- Prosecutor, Office of Legal Counsel (Secretary of Civil Law Revision Committee)

Seoul National University

- Adjunct Professor (Criminal Law & Civil Law)

카르텔 형사집행 가이드라인

초판발행 2021년 2월 28일

지은이 구상엽
펴낸이 안종만 · 안상준

편 집 장유나
기획/마케팅 조성호
표지디자인 이미연
제 작 고철민 · 조영환

펴낸곳 (주) 박영사
서울특별시 금천구 가산디지털2로 53, 210호(가산동, 한라시그마밸리)
등록 1959. 3. 11. 제300-1959-1호(倫)
전 화 02)733-6771
f a x 02)736-4818
e-mail pys@pybook.co.kr
homepage www.pybook.co.kr
ISBN 979-11-303-3866-8 93360

정 가 20,000원